TRANZLATY

La lingua è per tutti

Taal is vir almal

Il richiamo della foresta

Die Roep van die Wilde

Jack London

Italiano / Afrikaans

Copyright © 2025 Tranzlaty
All rights reserved
Published by Tranzlaty
ISBN: 978-1-80572-884-9
Original text by Jack London
The Call of the Wild
First published in 1903
www.tranzlaty.com

Nel primitivo
In die Primitiewe

Buck non leggeva i giornali.
Buck het nie die koerante gelees nie.
Se avesse letto i giornali avrebbe saputo che i guai si stavano avvicinando.
As hy die koerante gelees het, sou hy geweet het dat moeilikheid aan die broei was.
Non erano guai solo per lui, ma per tutti i cani da caccia.
Daar was moeilikheid nie net vir homself nie, maar vir elke getywaterhond.
Ogni cane con muscoli forti e pelo lungo e caldo sarebbe stato nei guai.
Elke hond met sterk spiere en warm, lang hare sou in die moeilikheid wees.
Da Puget Bay a San Diego nessun cane poteva sfuggire a ciò che stava per accadere.
Van Pugetbaai tot San Diego kon geen hond ontsnap aan wat sou kom nie.
Gli uomini, brancolando nell'oscurità artica, avevano trovato un metallo giallo.
Mans, wat in die Arktiese donkerte getas het, het 'n geel metaal gevind.
Le compagnie di navigazione a vapore e di trasporto erano alla ricerca della scoperta.
Stoomskip- en vervoermaatskappye het die ontdekking nagejaag.
Migliaia di uomini si riversarono nel Nord.
Duisende mans het die Noordland binnegestorm.
Questi uomini volevano dei cani, e i cani che volevano erano cani pesanti.
Hierdie mans wou honde hê, en die honde wat hulle wou hê, was swaar honde.
Cani dotati di muscoli forti per lavorare duro.
Honde met sterk spiere waarmee hulle kan swoeg.
Cani con il pelo folto che li protegge dal gelo.

Honde met harige pelse om hulle teen die ryp te beskerm.

Buck viveva in una grande casa nella soleggiata Santa Clara Valley.
Buck het in 'n groot huis in die sonnige Santa Clara-vallei gewoon.

La casa del giudice Miller era chiamata così.
Regter Miller se plek, sy huis is genoem.

La sua casa era nascosta tra gli alberi, lontana dalla strada.
Sy huis het van die pad af gestaan, half versteek tussen die bome.

Si poteva intravedere l'ampia veranda che circondava la casa.
'n Mens kon glimpse van die wye stoep om die huis kry.

Si accedeva alla casa tramite vialetti ghiaiosi.
Die huis is via gruisopritte bereik.

I sentieri si snodavano attraverso ampi prati.
Die paadjies het deur wyd uitgestrekte grasperke kronkel.

In alto si intrecciavano i rami degli alti pioppi.
Bo-oor was die ineengevlegte takke van hoë populiere.

Nella parte posteriore della casa le cose erano ancora più spaziose.
Aan die agterkant van die huis was dinge selfs ruimer.

C'erano grandi scuderie, dove una dozzina di stallieri chiacchieravano
Daar was groot stalle, waar 'n dosyn bruidegomme gesels het

C'erano file di cottage per i servi ricoperti di vite
Daar was rye bediendehuise met wingerdstokke

E c'era una serie infinita e ordinata di latrine
En daar was 'n eindelose en ordelike reeks buitegeboue

Lunghi pergolati d'uva, pascoli verdi, frutteti e campi di bacche.
Lang druiweprieëls, groen weivelde, boorde en bessieplante.

Poi c'era l'impianto di pompaggio per il pozzo artesiano.
Toe was daar die pompaanleg vir die artesiese put.

E c'era la grande cisterna di cemento piena d'acqua.
En daar was die groot sementtenk gevul met water.

Qui i ragazzi del giudice Miller hanno fatto il loro tuffo mattutino.
Hier het Regter Miller se seuns hul oggendduik geneem.
E lì si rinfrescavano anche nel caldo pomeriggio.
En hulle het ook daar in die warm middag afgekoel.
E su questo grande dominio, Buck era colui che lo governava tutto.
En oor hierdie groot domein, was Buck die een wat dit alles regeer het.
Buck nacque su questa terra e visse qui tutti i suoi quattro anni.
Buck is op hierdie grond gebore en het al sy vier jaar hier gewoon.
C'erano effettivamente altri cani, ma non avevano molta importanza.
Daar was wel ander honde, maar hulle het nie regtig saak gemaak nie.
In un posto vasto come questo ci si aspettava la presenza di altri cani.
Ander honde is verwag in 'n plek so groot soos hierdie een.
Questi cani andavano e venivano oppure vivevano nei canili affollati.
Hierdie honde het gekom en gegaan, of binne die besige hondehokke gewoon.
Alcuni cani vivevano nascosti in casa, come Toots e Ysabel.
Party honde het versteek in die huis gewoon, soos Toots en Ysabel.
Toots era un carlino giapponese, Ysabel una cagnolina messicana senza pelo.
Toots was 'n Japannese mopshond, Ysabel 'n Meksikaanse haarlose hond.
Queste strane creature raramente uscivano di casa.
Hierdie vreemde wesens het selde buite die huis gestap.
Non toccarono terra né annusarono l'aria esterna.
Hulle het nie die grond aangeraak nie, en ook nie die oop lug buite geruik nie.
C'erano anche i fox terrier, almeno una ventina.

Daar was ook die foxterriërs, ten minste twintig in getal.
Questi terrier abbaiavano ferocemente a Toots e Ysabel in casa.
Hierdie terriërs het binnenshuis woes vir Toots en Ysabel geblaf.
Toots e Ysabel rimasero dietro le finestre, al sicuro da ogni pericolo.
Toots en Ysabel het agter vensters gebly, veilig teen gevaar.
Erano sorvegliati da domestiche armate di scope e stracci.
Hulle is deur huisbediende met besems en moppe bewaak.
Ma Buck non era un cane da casa e nemmeno da canile.
Maar Buck was geen huishond nie, en hy was ook geen kennelhond nie.
L'intera proprietà apparteneva a Buck come suo legittimo regno.
Die hele eiendom het aan Buck behoort as sy regmatige ryk.
Buck nuotava nella vasca o andava a caccia con i figli del giudice.
Buck het in die tenk geswem of saam met die Regter se seuns gaan jag.
Camminava con Mollie e Alice nelle prime ore del mattino o tardi.
Hy het in die vroeë of laat oggendure saam met Mollie en Alice gestap.
Nelle notti fredde si sdraiava davanti al fuoco della biblioteca insieme al giudice.
Op koue nagte het hy voor die biblioteekvuur saam met die Regter gelê.
Buck accompagnava i nipoti del giudice sulla sua robusta schiena.
Buck het die Regter se kleinseuns op sy sterk rug saamgery.
Si rotolava nell'erba insieme ai ragazzi, sorvegliandoli da vicino.
Hy het saam met die seuns in die gras gerol en hulle noukeurig bewaak.
Si avventurarono fino alla fontana e addirittura oltre i campi di bacche.

Hulle het na die fontein en selfs verby die bessielande gewaag.
Tra i fox terrier, Buck camminava sempre con orgoglio regale.
Onder die foksterriërs het Buck altyd met koninklike trots geloop.
Ignorò Toots e Ysabel, trattandoli come se fossero aria.
Hy het Toots en Ysabel geïgnoreer en hulle soos lug behandel.
Buck governava tutte le creature viventi sulla terra del giudice Miller.
Buck het oor alle lewende wesens op Regter Miller se grond geheers.
Dominava gli animali, gli insetti, gli uccelli e perfino gli esseri umani.
Hy het oor diere, insekte, voëls en selfs mense geheers.
Il padre di Buck, Elmo, era un enorme e fedele San Bernardo.
Buck se pa, Elmo, was 'n groot en lojale Sint Bernardus.
Elmo non si allontanò mai dal Giudice e lo servì fedelmente.
Elmo het nooit die Regter se sy verlaat nie, en hom getrou gedien.
Buck sembrava pronto a seguire il nobile esempio del padre.
Buck het gereed gelyk om sy vader se edele voorbeeld te volg.
Buck non era altrettanto grande: pesava sessanta chili.
Buck was nie heeltemal so groot nie, en het honderd-en-veertig pond geweeg.
Sua madre, Shep, era una splendida cagnolina da pastore scozzese.
Sy ma, Shep, was 'n goeie Skotse herdershond.
Ma nonostante il suo peso, Buck camminava con una presenza regale.
Maar selfs met daardie gewig het Buck met koninklike teenwoordigheid geloop.
Ciò derivava dal buon cibo e dal rispetto che riceveva sempre.
Dit het gekom van goeie kos en die respek wat hy altyd ontvang het.
Per quattro anni Buck aveva vissuto come un nobile viziato.

Vir vier jaar het Buck soos 'n bederfde edelman geleef.
Era orgoglioso di sé stesso e perfino un po' egocentrico.
Hy was trots op homself, en selfs effens egoïsties.
Quel tipo di orgoglio era comune tra i signori delle campagne remote.
Daardie soort trots was algemeen onder afgeleë plattelandse here.
Ma Buck si salvò dal diventare un cane domestico viziato.
Maar Buck het homself daarvan gered om nie 'n bederfde huishond te word nie.
Rimase snello e forte grazie alla caccia e all'esercizio fisico.
Hy het maer en sterk gebly deur jag en oefening.
Amava profondamente l'acqua, come chi si bagna nei laghi freddi.
Hy was baie lief vir water, soos mense wat in koue mere bad.
Questo amore per l'acqua mantenne Buck forte e molto sano.
Hierdie liefde vir water het Buck sterk en baie gesond gehou.
Questo era il cane che Buck era diventato nell'autunno del 1897.
Dit was die hond wat Buck in die herfs van 1897 geword het.
Quando lo sciopero del Klondike spinse gli uomini verso il gelido Nord.
Toe die Klondike-aanval mans na die bevrore Noorde getrek het.
Da ogni parte del mondo la gente accorse in massa verso la fredda terra.
Mense het van oor die hele wêreld na die koue land gestroom.
Buck, tuttavia, non leggeva i giornali e non capiva le notizie.
Buck het egter nie die koerante gelees of nuus verstaan nie.
Non sapeva che Manuel fosse una persona cattiva con cui stare.
Hy het nie geweet dat Manuel 'n slegte man was om mee saam te wees nie.
Manuel, che aiutava in giardino, aveva un grosso problema.
Manuel, wat in die tuin gehelp het, het 'n groot probleem gehad.

Manuel era dipendente dal gioco d'azzardo alla lotteria cinese.
Manuel was verslaaf aan dobbelary in die Chinese lotery.
Credeva fermamente anche in un sistema fisso per vincere.
Hy het ook sterk geglo in 'n vaste stelsel vir wen.
Questa convinzione rese il suo fallimento certo e inevitabile.
Daardie oortuiging het sy mislukking seker en onvermydelik gemaak.
Per giocare con un sistema erano necessari soldi, soldi che a Manuel mancavano.
Om 'n stelsel te speel verg geld, wat Manuel kortgekom het.
Il suo stipendio bastava a malapena a sostenere la moglie e i numerosi figli.
Sy salaris het skaars sy vrou en baie kinders onderhou.
La notte in cui Manuel tradì Buck, tutto era normale.
Die nag toe Manuel Buck verraai het, was dinge normaal.
Il giudice si trovava a una riunione dell'Associazione dei coltivatori di uva passa.
Die Regter was by 'n vergadering van die Rosyntjiekwekersvereniging.
A quel tempo i figli del giudice erano impegnati a fondare un club sportivo.
Die Regter se seuns was toe besig om 'n atletiekklub te stig.
Nessuno vide Manuel e Buck uscire dal frutteto.
Niemand het Manuel en Buck deur die boord sien vertrek nie.
Buck pensava che questa fosse solo una semplice passeggiata notturna.
Buck het gedink hierdie stap was net 'n eenvoudige nagtelike stappie.
Incontrarono un solo uomo alla stazione della bandiera, a College Park.
Hulle het slegs een man by die vlagstasie, in College Park, ontmoet.
Quell'uomo parlò con Manuel e si scambiarono i soldi.
Daardie man het met Manuel gepraat, en hulle het geld uitgeruil.
"Imballa la merce prima di consegnarla", suggerì.

"Verpak die goedere voordat jy dit aflewer," het hy voorgestel.

La voce dell'uomo era roca e impaziente mentre parlava.
Die man se stem was rof en ongeduldig terwyl hy gepraat het.

Manuel legò con cura una corda spessa attorno al collo di Buck.
Manuel het versigtig 'n dik tou om Buck se nek vasgemaak.

"Se giri la corda, lo strangolerai di brutto"
"Draai die tou, en jy sal hom baie verwurg"

Lo straniero emise un grugnito, dimostrando di aver capito bene.
Die vreemdeling het gekreun, wat wys dat hy goed verstaan het.

Quel giorno Buck accettò la corda con calma e silenziosa dignità.
Buck het die tou daardie dag met kalm en stille waardigheid aanvaar.

Era un atto insolito, ma Buck si fidava degli uomini che conosceva.
Dit was 'n ongewone daad, maar Buck het die mans wat hy geken het, vertrou.

Credeva che la loro saggezza andasse ben oltre il suo pensiero.
Hy het geglo dat hulle wysheid veel verder gegaan het as sy eie denke.

Ma poi la corda venne consegnata nelle mani dello straniero.
Maar toe is die tou in die hande van die vreemdeling oorhandig.

Buck emise un ringhio basso che suonava come un avvertimento e una minaccia silenziosa.
Buck het 'n lae grom gegee wat met stille dreiging gewaarsku het.

Era orgoglioso e autoritario e intendeva mostrare il suo disappunto.
Hy was trots en gebiedend, en wou sy misnoeë toon.

Buck credeva che il suo avvertimento sarebbe stato interpretato come un ordine.

Buck het geglo dat sy waarskuwing as 'n bevel verstaan sou word.

Con suo grande stupore, la corda si strinse rapidamente attorno al suo grosso collo.

Tot sy skok het die tou styf om sy dik nek getrek.

Gli mancò l'aria e cominciò a lottare in preda a una rabbia improvvisa.

Sy lug is afgesny en hy het skielik woedend begin veg.

Si lanciò verso l'uomo, che si lanciò rapidamente contro Buck a mezz'aria.

Hy het op die man gespring, wat Buck vinnig in die lug teëgekom het.

L'uomo afferrò Buck per la gola e lo fece ruotare abilmente in aria.

Die man het Buck se keel gegryp en hom vaardig in die lug gedraai.

Buck venne scaraventato a terra con violenza, atterrando sulla schiena.

Buck is hard neergegooi en het plat op sy rug beland.

La corda ora lo strangolava crudelmente mentre lui scalciava selvaggiamente.

Die tou het hom nou wreed verwurg terwyl hy wild geskop het.

La sua lingua cadde fuori, il suo petto si sollevò, ma non riprese fiato.

Sy tong het uitgeval, sy bors het gebewe, maar hy het nie asemgehaal nie.

Non era mai stato trattato con tanta violenza in vita sua.

Hy is nog nooit in sy lewe met sulke geweld behandel nie.

Non era mai stato così profondamente invaso da una rabbia così profonda.

Hy was ook nog nooit tevore met so 'n diepe woede gevul nie.

Ma il potere di Buck svanì e i suoi occhi diventarono vitrei.

Maar Buck se krag het vervaag, en sy oë het glasagtig geword.

Svenne proprio mentre un treno veniva fermato lì vicino.

Hy het flou geword net toe 'n trein naby stilhou.

Poi i due uomini lo caricarono velocemente nel vagone bagagli.
Toe gooi die twee mans hom vinnig in die bagasiewa.
La cosa successiva che Buck sentì fu dolore alla lingua gonfia.
Die volgende ding wat Buck gevoel het, was pyn in sy geswolle tong.
Si muoveva su un carro traballante, solo vagamente cosciente.
Hy het in 'n bewerige karretjie beweeg, slegs vaagweg by sy bewussyn.
Il fischio acuto di un treno rivelò a Buck la sua posizione.
Die skerp gil van 'n treinfluitjie het vir Buck sy ligging vertel.
Aveva spesso cavalcato con il Giudice e conosceva quella sensazione.
Hy het dikwels saam met die Regter gery en het die gevoel geken.
Fu un'esperienza unica viaggiare di nuovo in un vagone bagagli.
Dit was die unieke skok om weer in 'n bagasiewa te reis.
Buck aprì gli occhi e il suo sguardo ardeva di rabbia.
Buck het sy oë oopgemaak, en sy blik het van woede gebrand.
Questa era l'ira di un re orgoglioso detronizzato.
Dit was die toorn van 'n trotse koning wat van sy troon af weggeneem is.
Un uomo allungò la mano per afferrarlo, ma Buck colpì per primo.
'n Man het uitgereik om hom te gryp, maar Buck het eerste geslaan.
Affondò i denti nella mano dell'uomo e la strinse forte.
Hy het sy tande in die man se hand geslaan en styf vasgehou.
Non mi lasciò andare finché non svenne per la seconda volta.
Hy het nie losgelaat totdat hy 'n tweede keer bewusteloos geraak het nie.
"Sì, ha degli attacchi", borbottò l'uomo al facchino.
"Ja, kry stuipe," mompel die man vir die bagasieman.

Il facchino aveva sentito la colluttazione e si era avvicinato.
Die bagasieman het die gesukkel gehoor en nader gekom.
"Lo porto a Frisco per conto del capo", spiegò l'uomo.
"Ek neem hom na 'Frisco vir die baas," het die man verduidelik.
"C'è un bravo dottore per cani che dice di poterli curare."
"Daar is 'n goeie hondedokter wat sê hy kan hulle genees."
Più tardi quella notte l'uomo raccontò la sua versione completa.
Later daardie aand het die man sy eie volledige weergawe gegee.
Parlava da un capannone dietro un saloon sul molo.
Hy het vanuit 'n skuur agter 'n saloon op die dokke gepraat.
"Mi hanno dato solo cinquanta dollari", si lamentò con il gestore del saloon.
"Al wat ek gekry het, was vyftig dollar," het hy by die saloonman gekla.
"Non lo rifarei, nemmeno per mille dollari in contanti."
"Ek sou dit nie weer doen nie, nie eens vir 'n duisend in koue kontant nie."
La sua mano destra era strettamente avvolta in un panno insanguinato.
Sy regterhand was styf toegedraai in 'n bloedige lap.
La gamba dei suoi pantaloni era completamente strappata dal ginocchio al piede.
Sy broekspyp was wyd oopgeskeur van knie tot voet.
"Quanto è stato pagato l'altro tizio?" chiese il gestore del saloon.
"Hoeveel het die ander beker betaal gekry?" het die saloonman gevra.
«Cento», rispose l'uomo, «non ne accetterebbe uno in meno».
"Honderd," antwoord die man, "hy sal nie 'n sent minder neem nie."
"Questo fa centocinquanta", disse il gestore del saloon.
"Dit kom neer op honderd-en-vyftig," het die saloonman gesê.
"E lui li merita tutti, altrimenti non sono meglio di uno stupido."

"En hy is dit alles werd, anders is ek niks beter as 'n domkop nie."

L'uomo aprì gli involucri per esaminarsi la mano.

Die man het die verpakking oopgemaak om sy hand te ondersoek.

La mano era gravemente graffiata e ricoperta di croste di sangue secco.

Die hand was erg geskeur en bedek met droë bloed.

"Se non mi viene l'idrofobia..." cominciò a dire.

"As ek nie die hidrofobie kry nie …" het hy begin sê.

"Sarà perché sei nato per impiccarti", giunse una risata.

"Dit sal wees omdat jy gebore is om te hang," kom daar 'n lag.

"Aiutami prima di partire", gli chiesero.

"Kom help my uit voordat jy gaan," is hy gevra.

Buck era stordito dal dolore alla lingua e alla gola.

Buck was in 'n beswyming van die pyn in sy tong en keel.

Era mezzo strangolato e riusciva a malapena a stare in piedi.

Hy was half verwurg en kon skaars regop staan.

Ciononostante, Buck cercò di affrontare gli uomini che lo avevano ferito così duramente.

Tog het Buck probeer om die mans wat hom so seergemaak het, in die gesig te staar.

Ma lo gettarono a terra e lo strangolarono ancora una volta.

Maar hulle het hom neergegooi en hom weer eens verwurg.

Solo allora riuscirono a segargli il pesante collare di ottone.

Eers toe kon hulle sy swaar koperkraag afsaag.

Tolsero la corda e lo spinsero in una cassa.

Hulle het die tou verwyder en hom in 'n krat gegooi.

La cassa era piccola e aveva la forma di una gabbia di ferro grezza.

Die krat was klein en gevorm soos 'n growwe ysterhok.

Buck rimase lì per tutta la notte, pieno di rabbia e di orgoglio ferito.

Buck het die hele nag daar gelê, vol woede en gewonde trots.

Non riusciva nemmeno a capire cosa gli stesse succedendo.

Hy kon nie begin verstaan wat met hom gebeur nie.

Perché quegli strani uomini lo tenevano in quella piccola cassa?
Waarom het hierdie vreemde mans hom in hierdie klein krat aangehou?
Cosa volevano da lui e perché questa crudele prigionia?
Wat wou hulle met hom hê, en waarom hierdie wrede gevangenskap?
Sentì una pressione oscura e la sensazione che il disastro si avvicinasse.
Hy het 'n donker druk gevoel; 'n gevoel van ramp wat nader kom.
Era una paura vaga, ma si impadronì pesantemente del suo spirito.
Dit was 'n vae vrees, maar dit het swaar op sy gees neergesak.
Diverse volte sobbalzò quando la porta del capanno sbatteva.
Verskeie kere het hy opgespring toe die skuurdeur rammel.
Si aspettava che il giudice o i ragazzi apparissero e lo salvassero.
Hy het verwag dat die Regter of die seuns sou verskyn en hom red.
Ma ogni volta solo la faccia grassa del gestore del saloon faceva capolino all'interno.
Maar net die saloon-eienaar se vet gesig het elke keer binne-in geloer.
Il volto dell'uomo era illuminato dalla debole luce di una candela di sego.
Die man se gesig was verlig deur die dowwe gloed van 'n talgkers.
Ogni volta, il latrato gioioso di Buck si trasformava in un ringhio basso e arrabbiato.
Elke keer het Buck se vrolike blaf verander in 'n lae, kwaai gegrom.

Il gestore del saloon lo ha lasciato solo per la notte nella cassa
Die kroegman het hom alleen vir die nag in die krat gelos

Ma quando si svegliò la mattina seguente, altri uomini stavano arrivando.
Maar toe hy die oggend wakker word, het meer manne aangekom.
Arrivarono quattro uomini e, con cautela, sollevarono la cassa senza dire una parola.
Vier mans het gekom en die krat versigtig opgetel sonder 'n woord.
Buck capì subito in quale situazione si trovava.
Buck het dadelik geweet in watter situasie hy hom bevind het.
Erano ulteriori tormentatori che doveva combattere e temere.
Hulle was verdere pynigers wat hy moes beveg en vrees.
Questi uomini apparivano malvagi, trasandati e molto mal curati.
Hierdie mans het boos, rafelrig en baie sleg versorg gelyk.
Buck ringhiò e si lanciò contro di loro con furia attraverso le sbarre.
Buck het gegrom en woes deur die tralies op hulle afgestorm.
Si limitarono a ridere e a colpirlo con lunghi bastoni di legno.
Hulle het net gelag en hom met lang houtstokke gesteek.
Buck morse i bastoncini, poi capì che era quello che gli piaceva.
Buck het aan die stokke gebyt, toe besef dis wat hulle daarvan hou.
Così si sdraiò in silenzio, imbronciato e acceso da una rabbia silenziosa.
So het hy stil gaan lê, nors en brandend van stille woede.
Caricarono la cassa su un carro e se ne andarono con lui.
Hulle het die krat in 'n wa gelig en met hom weggery.
La cassa, con Buck chiuso dentro, cambiò spesso proprietario.
Die krat, met Buck binne toegesluit, het gereeld van eienaar verwissel.
Gli impiegati dell'ufficio espresso presero in mano la situazione e si occuparono di lui per un breve periodo.

Express-kantoorklerke het die leisels oorgeneem en hom kortliks hanteer.

Poi un altro carro trasportò Buck attraverso la rumorosa città.
Toe het nog 'n wa Buck oor die lawaaierige dorp gedra.

Un camion lo portò con sé scatole e pacchi su un traghetto.
'n Vragmotor het hom met bokse en pakkies op 'n veerboot geneem.

Dopo l'attraversamento, il camion lo scaricò presso un deposito ferroviario.
Nadat hy oorgesteek het, het die vragmotor hom by 'n spoorwegdepot afgelaai.

Alla fine Buck venne fatto salire a bordo di un vagone espresso in attesa.
Uiteindelik is Buck in 'n wagtende snelwa geplaas.

Per due giorni e due notti i treni trascinarono via il vagone espresso.
Vir twee dae en nagte het treine die snelwa weggetrek.

Buck non mangiò né bevve durante tutto il doloroso viaggio.
Buck het gedurende die hele pynlike reis nie geëet of gedrink nie.

Quando i messaggeri cercarono di avvicinarlo, lui ringhiò.
Toe die snelbodes hom probeer nader, het hy gegrom.

Risposero prendendolo in giro e prendendolo in giro crudelmente.
Hulle het gereageer deur hom te bespot en hom wreed te terg.

Buck si gettò contro le sbarre, schiumando e tremando
Buck het homself teen die tralies gegooi, skuimend en bewerig

risero sonoramente e lo presero in giro come i bulli della scuola.
hulle het hard gelag en hom gespot soos skoolboelies.

Abbaiavano come cani finti e agitavano le braccia.
Hulle het soos vals honde geblaf en met hul arms geklap.

Arrivarono persino a cantare come galli, solo per farlo arrabbiare ancora di più.
Hulle het selfs soos hane gekraai net om hom nog meer te ontstel.

Era un comportamento sciocco e Buck sapeva che era ridicolo.
Dit was dwase gedrag, en Buck het geweet dit was belaglik.
Ma questo non fece altro che accrescere il suo senso di indignazione e vergogna.
Maar dit het net sy gevoel van verontwaardiging en skaamte verdiep.
Durante il viaggio la fame non lo disturbò molto.
Hy was nie veel deur honger gepla tydens die reis nie.
Ma la sete portava con sé dolori acuti e sofferenze insopportabili.
Maar dors het skerp pyn en ondraaglike lyding gebring.
La sua gola secca e infiammata e la lingua bruciavano per il calore.
Sy droë, ontsteekte keel en tong het gebrand van hitte.
Questo dolore alimentava la febbre che cresceva nel suo corpo orgoglioso.
Hierdie pyn het die koors gevoed wat in sy trotse liggaam gestyg het.
Durante questa prova Buck fu grato per una sola cosa.
Buck was dankbaar vir een enkele ding tydens hierdie verhoor.
Gli avevano tolto la corda dal grosso collo.
Die tou was om sy dik nek verwyder.
La corda aveva dato a quegli uomini un vantaggio ingiusto e crudele.
Die tou het daardie manne 'n onregverdige en wrede voordeel gegee.
Ora la corda non c'era più e Buck giurò che non sarebbe mai più tornata.
Nou was die tou weg, en Buck het gesweer dit sou nooit terugkeer nie.
Decise che nessuna corda gli sarebbe mai più passata intorno al collo.
Hy het besluit dat geen tou ooit weer om sy nek sou gaan nie.
Per due lunghi giorni e due lunghe notti soffrì senza cibo.
Vir twee lang dae en nagte het hy sonder kos gely.

E in quelle ore, accumulò dentro di sé una rabbia enorme.
En in daardie ure het hy 'n enorme woede binne hom opgebou.
I suoi occhi diventarono iniettati di sangue e selvaggi per la rabbia costante.
Sy oë het bloedbelope en wild geword van voortdurende woede.
Non era più Buck, ma un demone con le fauci che schioccavano.
Hy was nie meer Buck nie, maar 'n demoon met klapkake.
Nemmeno il Giudice avrebbe potuto riconoscere questa folle creatura.
Selfs die Regter sou hierdie mal skepsel nie geken het nie.
I messaggeri espressi tirarono un sospiro di sollievo quando giunsero a Seattle
Die snelboodskappers het verlig gesug toe hulle Seattle bereik het.
Quattro uomini sollevarono la cassa e la portarono in un cortile sul retro.
Vier mans het die krat opgelig en na 'n agterplaas gebring.
Il cortile era piccolo, circondato da mura alte e solide.
Die erf was klein, omring deur hoë en soliede mure.
Un uomo corpulento uscì dalla stanza con una scollatura larga e una camicia rossa.
'n Groot man het uitgestap in 'n verslapte rooi truihemp.
Firmò il registro delle consegne con una calligrafia spessa e decisa.
Hy het die afleweringsboek met 'n dik en vet hand geteken.
Buck intuì subito che quell'uomo era il suo prossimo aguzzino.
Buck het dadelik aangevoel dat hierdie man sy volgende kwelgeest was.
Si lanciò violentemente contro le sbarre, con gli occhi rossi di rabbia.
Hy het gewelddadig teen die tralies gestorm, oë rooi van woede.

L'uomo si limitò a sorridere amaramente e andò a prendere un'ascia.
Die man het net donker geglimlag en 'n byl gaan haal.
Teneva anche una mazza nella sua grossa e forte mano destra.
Hy het ook 'n stok in sy dik en sterk regterhand gebring.
"Lo porterai fuori adesso?" chiese l'autista preoccupato.
"Gaan jy hom nou uithaal?" het die bestuurder bekommerd gevra.
"Certo", disse l'uomo, infilando l'ascia nella cassa come se fosse una leva.
"Seker," sê die man en druk die byl as 'n hefboom in die krat vas.
I quattro uomini si dileguarono all'istante, saltando sul muro del cortile.
Die vier mans het onmiddellik uitmekaar gespring en op die erfmuur gespring.
Dai loro punti sicuri in alto, aspettavano di ammirare lo spettacolo.
Vanuit hul veilige plekke daarbo het hulle gewag om die skouspel te aanskou.
Buck si lanciò contro il legno scheggiato, mordendolo e scuotendolo violentemente.
Buck het na die versplinterde hout gestorm, terwyl hy hewig byt en bewe.
Ogni volta che l'ascia colpiva la gabbia, Buck era lì pronto ad attaccarla.
Elke keer as die byl die hok getref het), was Buck daar om dit aan te val.
Ringhiò e schioccò le dita in preda a una rabbia selvaggia, desideroso di essere liberato.
Hy het gegrom en gekap van wilde woede, gretig om vrygelaat te word.
L'uomo all'esterno era calmo e fermo, concentrato sul suo compito.
Die man buite was kalm en standvastig, vasbeslote op sy taak.

"Bene allora, diavolo dagli occhi rossi", disse quando il buco fu grande.
"Goed dan, jou rooioogduiwel," het hy gesê toe die gat groot was.
Lasciò cadere l'ascia e prese la mazza nella mano destra.
Hy het die byl laat val en die knuppel in sy regterhand geneem.
Buck sembrava davvero un diavolo: aveva gli occhi iniettati di sangue e fiammeggianti.
Buck het werklik soos 'n duiwel gelyk; oë bloedbelope en vlammend.
Il suo pelo si rizzò, la schiuma gli salì alla bocca e gli occhi brillarono.
Sy jas het geborsel, skuim het om sy mond geskuim, oë het geglinster.
Lui tese i muscoli e si lanciò dritto verso il maglione rosso.
Hy het sy spiere saamgespan en reguit op die rooi trui gespring.
Centoquaranta libbre di furia si riversarono sull'uomo calmo.
Honderd-en-veertig pond woede het na die kalm man gevlieg.
Un attimo prima che le sue fauci si chiudessero, un colpo terribile lo colpì.
Net voordat sy kake toegeklamp het, het 'n verskriklike hou hom getref.
I suoi denti si schioccarono insieme solo sull'aria
Sy tande het teen mekaar geknak op niks anders as lug nie
una scossa di dolore gli risuonò nel corpo
'n skok van pyn het deur sy liggaam weergalm
Si capovolse a mezz'aria e cadde sulla schiena e su un fianco.
Hy het midde-in die lug omgeslaan en op sy rug en sy neergestort.
Non aveva mai sentito prima un colpo di mazza e non riusciva a sostenerlo.
Hy het nog nooit tevore 'n knuppel se hou gevoel nie en kon dit nie vasgryp nie.

Con un ringhio acuto, in parte abbaio, in parte urlo, saltò di nuovo.
Met 'n gillende gegrom, deels blaf, deels gil, het hy weer opgespring.

Un altro colpo violento lo colpì e lo scaraventò a terra.
Nog 'n wrede hou het hom getref en hom op die grond gegooi.

Questa volta Buck capì: era la pesante clava dell'uomo.
Hierdie keer het Buck verstaan—dit was die man se swaar knuppel.

Ma la rabbia lo accecò e non pensò minimamente di ritirarsi.
Maar woede het hom verblind, en hy het geen gedagte aan terugtog gehad nie.

Dodici volte si lanciò e dodici volte cadde.
Twaalf keer het hy homself gewerp, en twaalf keer het hy geval.

La mazza di legno lo colpiva ogni volta con una forza spietata e schiacciante.
Die houtknuppel het hom elke keer met meedoënlose, verpletterende krag verpletter.

Dopo un colpo violento, si rialzò barcollando, stordito e lento.
Na een hewige hou het hy versuft en stadig orent gekom.

Il sangue gli colava dalla bocca, dal naso e perfino dalle orecchie.
Bloed het uit sy mond, sy neus en selfs sy ore gestroom.

Il suo mantello, un tempo bellissimo, era imbrattato di schiuma insanguinata.
Sy eens pragtige jas was met bloedige skuim besmeer.

Poi l'uomo si fece avanti e gli sferrò un violento colpo al naso.
Toe tree die man op en slaan hom 'n wrede hou teen die neus.

L'agonia fu più acuta di qualsiasi cosa Buck avesse mai provato.
Die pyn was skerper as enigiets wat Buck ooit gevoel het.

Con un ruggito più da bestia che da cane, balzò di nuovo all'attacco.

Met 'n gebrul meer dier as hond, het hy weer opgespring om aan te val.
Ma l'uomo gli afferrò la mascella inferiore e la torse all'indietro.
Maar die man het sy onderkaak gegryp en dit agtertoe gedraai.
Buck si girò a testa in giù e cadde di nuovo violentemente al suolo.
Buck het kop oor hakke geslaan en weer hard neergestort.
Un'ultima volta, Buck si lanciò verso di lui, ormai a malapena in grado di reggersi in piedi.
Een laaste keer het Buck op hom afgestorm, nou skaars in staat om op te staan.
L'uomo colpì con sapiente tempismo, sferrando il colpo finale.
Die man het met kundige tydsberekening toegeslaan en die finale hou toegedien.
Buck crollò a terra, privo di sensi e immobile.
Buck het bewusteloos en roerloos in 'n hoop ineengestort.
"Non è uno stupido ad addestrare i cani, ecco cosa dico io", urlò un uomo.
"Hy is nie traag met honde-breek nie, dis wat ek sê," het 'n man geskree.
"Druther può spezzare la volontà di un segugio in qualsiasi giorno della settimana."
"Druther kan die wil van 'n hond enige dag van die week breek."
"E due volte di domenica!" aggiunse l'autista.
"En twee keer op 'n Sondag!" het die bestuurder bygevoeg.
Salì sul carro e tirò le redini per partire.
Hy het in die wa geklim en die teuels gekraak om te vertrek.
Buck riprese lentamente il controllo della sua coscienza
Buck het stadig beheer oor sy bewussyn herwin
ma il suo corpo era ancora troppo debole e rotto per muoversi.
maar sy liggaam was steeds te swak en gebreek om te beweeg.

Rimase lì dove era caduto, osservando l'uomo con il maglione rosso.

Hy het gelê waar hy geval het, en die man met die rooi trui dopgehou.

"Risponde al nome di Buck", disse l'uomo, leggendo ad alta voce.

"Hy antwoord op die naam van Buck," het die man gesê terwyl hy hardop lees.

Citò la nota inviata con la cassa di Buck e i dettagli.

Hy het aangehaal uit die nota wat saam met Buck se krat gestuur is, en besonderhede.

"Bene, Buck, ragazzo mio", continuò l'uomo con tono amichevole,

"Wel, Buck, my seun," het die man met 'n vriendelike toon voortgegaan,

"Abbiamo avuto il nostro piccolo litigio, e ora tra noi è finita."

"Ons het ons klein rusie gehad, en nou is dit verby tussen ons."

"Tu hai imparato qual è il tuo posto, e io ho imparato qual è il mio", ha aggiunto.

"Jy het jou plek geleer, en ek het myne geleer," het hy bygevoeg.

"Sii buono e tutto andrà bene e la vita sarà piacevole."

"Wees goed, en alles sal goed gaan, en die lewe sal aangenaam wees."

"Ma se sei cattivo, ti spaccherò a morte, capito?"

"Maar wees stout, en ek sal jou die vulsel uitslaan, verstaan?"

Mentre parlava, allungò la mano e accarezzò la testa dolorante di Buck.

Terwyl hy gepraat het, het hy uitgereik en Buck se seer kop geklop.

I capelli di Buck si rizzarono al tocco dell'uomo, ma lui non oppose resistenza.

Buck se hare het rys toe die man dit aanraak, maar hy het nie weerstand gebied nie.

L'uomo gli portò dell'acqua e Buck la bevve a grandi sorsi.

Die man het vir hom water gebring, wat Buck in groot slukke gedrink het.
Poi arrivò la carne cruda, che Buck divorò pezzo per pezzo.
Toe kom rou vleis, wat Buck stukkie vir stukkie verslind het.
Sapeva di essere stato sconfitto, ma sapeva anche di non essere distrutto.
Hy het geweet hy is geslaan, maar hy het ook geweet hy was nie gebreek nie.
Non aveva alcuna possibilità contro un uomo armato di manganello.
Hy het geen kans gehad teen 'n man gewapen met 'n knuppel nie.
Aveva imparato la verità e non dimenticò mai quella lezione.
Hy het die waarheid geleer, en hy het daardie les nooit vergeet nie.
Quell'arma segnò l'inizio della legge nel nuovo mondo di Buck.
Daardie wapen was die begin van die wet in Buck se nuwe wêreld.
Fu l'inizio di un ordine duro e primitivo che non poteva negare.
Dit was die begin van 'n harde, primitiewe orde wat hy nie kon ontken nie.
Accettò la verità: i suoi istinti selvaggi erano ormai risvegliati.
Hy het die waarheid aanvaar; sy wilde instinkte was nou wakker.
Il mondo era diventato più duro, ma Buck lo affrontò coraggiosamente.
Die wêreld het harder geword, maar Buck het dit dapper die hoof gebied.
Affrontò la vita con una nuova cautela, astuzia e una forza silenziosa.
Hy het die lewe met nuwe versigtigheid, listigheid en stille krag tegemoetgegaan.
Arrivarono altri cani, legati con corde o gabbie, come era successo a Buck.

Meer honde het aangekom, vasgemaak in toue of kratte soos Buck was.
Alcuni cani procedevano con calma, altri si infuriavano e combattevano come bestie feroci.
Party honde het kalm gekom, ander het gewoed en soos wilde diere geveg.
Tutti loro furono sottoposti al dominio dell'uomo con il maglione rosso.
Hulle almal is onder die heerskappy van die man met die rooi trui gebring.
Ogni volta Buck osservava e vedeva svolgersi la stessa lezione.
Elke keer het Buck gekyk en dieselfde les sien ontvou.
L'uomo con la clava era la legge: un padrone a cui obbedire.
Die man met die knuppel was die wet; 'n meester wat gehoorsaam moes word.
Non era necessario che gli piacesse, ma che gli si obbedisse.
Hy het nie nodig gehad om gehou te word nie, maar hy moes gehoorsaam word.
Buck non si è mai mostrato adulatore o scodinzolante come facevano i cani più deboli.
Bok het nooit gekuier of gewaggel soos die swakker honde nie.
Vide dei cani che erano stati picchiati e che continuavano a leccare la mano dell'uomo.
Hy het honde gesien wat geslaan is en steeds die man se hand gelek het.
Vide un cane che non obbediva né si sottometteva affatto.
Hy het een hond gesien wat glad nie wou gehoorsaam of onderwerp nie.
Quel cane ha combattuto fino alla morte nella battaglia per il controllo.
Daardie hond het geveg totdat hy in die stryd om beheer dood is.
A volte degli sconosciuti venivano a trovare l'uomo con il maglione rosso.

Vreemdelinge sou soms kom om die man met die rooi trui te sien.
Parlavano con toni strani, supplicando, contrattando e ridendo.
Hulle het in vreemde toonhoogte gepraat, gesmeek, onderhandel en gelag.
Dopo aver scambiato i soldi, se ne andavano con uno o più cani.
Toe geld geruil is, het hulle met een of meer honde vertrek.
Buck si chiese dove andassero questi cani, perché nessuno faceva mai ritorno.
Buck het gewonder waarheen hierdie honde gegaan het, want niemand het ooit teruggekeer nie.
la paura dell'ignoto riempiva Buck ogni volta che un uomo sconosciuto si avvicinava
vrees vir die onbekende het Buck elke keer gevul wanneer 'n vreemde man gekom het
era contento ogni volta che veniva preso un altro cane, al posto suo.
Hy was bly elke keer as 'n ander hond geneem is, eerder as hyself.
Ma alla fine arrivò il turno di Buck con l'arrivo di uno strano uomo.
Maar uiteindelik het Buck se beurt gekom met die aankoms van 'n vreemde man.
Era piccolo, nervoso e parlava un inglese stentato e imprecava.
Hy was klein, draderig en het in gebroke Engels en vloekwoorde gepraat.
"Sacredam!" urlò quando vide il corpo di Buck.
"Heilig!" het hy geskree toe hy Buck se lyf sien.
"Che cane maledetto e prepotente! Eh? Quanto costa?" chiese ad alta voce.
"Dis een verdomde boeliehond! Ag? Hoeveel?" het hy hardop gevra.
"Trecento, ed è un regalo a quel prezzo",
"Driehonderd, en hy's 'n geskenk teen daardie prys,"

"Dato che sono soldi del governo, non dovresti lamentarti, Perrault."

"Aangesien dit staatsgeld is, moet jy nie kla nie, Perrault."

Perrault sorrise pensando all'accordo che aveva appena concluso con quell'uomo.

Perrault het geglimlag oor die ooreenkoms wat hy pas met die man gesluit het.

Il prezzo dei cani è salito alle stelle a causa della domanda improvvisa.

Die prys van honde het gestyg as gevolg van die skielike vraag.

Trecento dollari non erano ingiusti per una bestia così bella.

Driehonderd dollar was nie onregverdig vir so 'n pragtige dier nie.

Il governo canadese non perderebbe nulla dall'accordo

Die Kanadese regering sou niks in die ooreenkoms verloor nie.

Né i loro comunicati ufficiali avrebbero subito ritardi nel trasporto.

Ook sou hul amptelike versendings nie tydens vervoer vertraag word nie.

Perrault conosceva bene i cani e capì che Buck era una rarità.

Perrault het honde goed geken, en kon sien dat Buck iets vreemds was.

"Uno su dieci diecimila", pensò, mentre studiava la corporatura di Buck.

"Een uit tien tienduisend," het hy gedink terwyl hy Buck se bou bestudeer het.

Buck vide il denaro cambiare di mano, ma non mostrò alcuna sorpresa.

Buck het gesien hoe die geld van eienaar verwissel, maar het geen verbasing getoon nie.

Poco dopo lui e Curly, un gentile Terranova, furono portati via.

Gou is hy en Curly, 'n sagte Newfoundlander, weggelei.

Seguirono l'omino dal cortile della casa con il maglione rosso.

Hulle het die klein mannetjie van die rooi trui se erf gevolg.

Quella fu l'ultima volta che Buck vide l'uomo con la mazza di legno.
Dit was die laaste wat Buck ooit van die man met die houtknuppel gesien het.
Dal ponte del Narwhal guardò Seattle svanire in lontananza.
Van die Narwhal se dek af het hy Seattle in die verte sien verdwyn.
Fu anche l'ultima volta che vide le calde terre del Sud.
Dit was ook die laaste keer dat hy ooit die warm Suidland gesien het.
Perrault li portò sottocoperta e li lasciò con François.
Perrault het hulle onderdek geneem en hulle by François gelos.
François era un gigante con la faccia nera e le mani ruvide e callose.
François was 'n swartgesigreus met growwe, eelte hande.
Era un uomo dalla carnagione scura e dalla carnagione scura, un meticcio franco-canadese.
Hy was donker en dor; 'n halfbloed Frans-Kanadees.
Per Buck, quegli uomini erano come non li aveva mai visti prima.
Vir Buck was hierdie manne van 'n soort wat hy nog nooit tevore gesien het nie.
Nei giorni a venire avrebbe avuto modo di conoscere molti di questi uomini.
Hy sou in die dae wat voorlê baie sulke manne leer ken.
Non cominciò ad affezionarsi a loro, ma finì per rispettarli.
Hy het nie van hulle gehou nie, maar hy het hulle begin respekteer.
Erano giusti e saggi e non si lasciavano ingannare facilmente da nessun cane.
Hulle was regverdig en wys, en nie maklik deur enige hond mislei nie.
Giudicavano i cani con calma e punivano solo quando meritavano.
Hulle het honde kalm beoordeel en slegs gestraf wanneer dit verdien is.

Sul ponte inferiore del Narwhal, Buck e Curly incontrarono due cani.
In die Narwhal se onderste dek het Buck en Curly twee honde ontmoet.
Uno era un grosso cane bianco proveniente dalle lontane e gelide isole Spitzbergen.
Een was 'n groot wit hond van die verre, ysige Spitsbergen.
In passato aveva navigato su una baleniera e si era unito a un gruppo di ricerca.
Hy het eenkeer saam met 'n walvisjagter geseil en by 'n opnamegroep aangesluit.
Era amichevole, ma astuto, subdolo e subdolo.
Hy was vriendelik op 'n slinkse, onderduimse en listige manier.
Al loro primo pasto, rubò un pezzo di carne dalla padella di Buck.
By hulle eerste maaltyd het hy 'n stuk vleis uit Buck se pan gesteel.
Buck saltò per punirlo, ma la frusta di François colpì per prima.
Buck het gespring om hom te straf, maar François se sweep het eerste getref.
Il ladro bianco urlò e Buck reclamò l'osso rubato.
Die wit dief het geskree, en Buck het die gesteelde been teruggeëis.
Questa correttezza colpì Buck e François si guadagnò il suo rispetto.
Daardie billikheid het Buck beïndruk, en François het sy respek verdien.
L'altro cane non lo salutò e non volle nessuno in cambio.
Die ander hond het geen groet gegee nie, en wou niks terug hê nie.
Non rubava il cibo, né annusava con interesse i nuovi arrivati.
Hy het nie kos gesteel nie, en ook nie belangstellend aan die nuwe aankomelinge geruik nie.

Questo cane era cupo e silenzioso, cupo e lento nei movimenti.
Hierdie hond was grimmig en stil, somber en stadig bewegend.
Avvertì Curly di stargli lontano semplicemente lanciandole un'occhiata fulminante.
Hy het Curly gewaarsku om weg te bly deur haar bloot aan te staar.
Il suo messaggio era chiaro: lasciatemi in pace o saranno guai.
Sy boodskap was duidelik; los my uit, anders kom daar moeilikheid.
Si chiamava Dave e non faceva quasi caso a ciò che lo circondava.
Hy is Dave genoem, en hy het skaars sy omgewing opgemerk.
Dormiva spesso, mangiava tranquillamente e sbadigliava di tanto in tanto.
Hy het dikwels geslaap, stil geëet en nou en dan gegaap.

La nave ronzava costantemente con il rumore dell'elica sottostante.
Die skip het aanhoudend gegons met die kloppende skroef onder.
I giorni passarono senza grandi cambiamenti, ma il clima si fece più freddo.
Dae het met min verandering verbygegaan, maar die weer het kouer geword.
Buck se lo sentiva nelle ossa e notò che anche gli altri lo sentivano.
Buck kon dit in sy bene voel, en het opgemerk dat die ander dit ook gedoen het.
Poi una mattina l'elica si fermò e tutto rimase immobile.
Toe, een oggend, het die skroef gaan staan en alles was stil.
Un'energia percorse la nave: qualcosa era cambiato.
'n Energie het deur die skip gespoel; iets het verander.
François scese, li mise al guinzaglio e li portò su.

François het afgekom, hulle aan leibande vasgemaak en hulle opgebring.

Buck uscì e trovò il terreno morbido, bianco e freddo.
Buck het uitgestap en die grond sag, wit en koud gevind.

Lui fece un balzo indietro allarmato e sbuffò in preda alla confusione più totale.
Hy het ontsteld teruggespring en in totale verwarring gesnork.

Una strana sostanza bianca cadeva dal cielo grigio.
Vreemde wit goed het uit die grys lug geval.

Si scosse, ma i fiocchi bianchi continuavano a cadergli addosso.
Hy het homself geskud, maar die wit vlokkies het aanhou op hom land.

Annusò attentamente la sostanza bianca e ne leccò alcuni pezzetti ghiacciati.
Hy het die wit goed versigtig geruik en aan 'n paar ysige stukkies gelek.

La polvere bruciò come il fuoco e poi svanì subito dalla sua lingua.
Die poeier het soos vuur gebrand en toe dadelik van sy tong af verdwyn.

Buck ci riprovò, sconcertato dallo strano freddo che svaniva.
Buck het weer probeer, verward deur die vreemde verdwynende koue.

Gli uomini intorno a lui risero e Buck si sentì in imbarazzo.
Die mans rondom hom het gelag, en Buck het verleë gevoel.

Non sapeva perché, ma si vergognava della sua reazione.
Hy het nie geweet hoekom nie, maar hy was skaam oor sy reaksie.

Era la sua prima esperienza con la neve e la cosa lo confuse.
Dit was sy eerste ervaring met sneeu, en dit het hom verwar.

La legge del bastone e della zanna
Die Wet van Knub en Tand

Il primo giorno di Buck sulla spiaggia di Dyea è stato un terribile incubo.
Buck se eerste dag op die Dyea-strand het soos 'n verskriklike nagmerrie gevoel.
Ogni ora portava con sé nuovi shock e cambiamenti inaspettati per Buck.
Elke uur het nuwe skokke en onverwagte veranderinge vir Buck gebring.
Era stato strappato alla civiltà e gettato nel caos più totale.
Hy is uit die beskawing geruk en in wilde chaos gedompel.
Questa non era una vita soleggiata e pigra, fatta di noia e riposo.
Dit was geen sonnige, lui lewe met verveeldheid en rus nie.
Non c'era pace, né riposo, né momento senza pericolo.
Daar was geen vrede, geen rus en geen oomblik sonder gevaar nie.
La confusione regnava su tutto e il pericolo era sempre vicino.
Verwarring het alles oorheers, en gevaar was altyd naby.
Buck doveva stare attento perché quegli uomini e quei cani erano diversi.
Buck moes waaksaam bly, want hierdie mans en honde was anders.
Non provenivano da città; erano selvaggi e spietati.
Hulle was nie van dorpe afkomstig nie; hulle was wild en sonder genade.
Questi uomini e questi cani conoscevano solo la legge del bastone e della zanna.
Hierdie mans en honde het net die wet van knuppel en slagtand geken.
Buck non aveva mai visto dei cani combattere come questi feroci husky.
Buck het nog nooit honde soos hierdie wrede huskies sien baklei nie.

La sua prima esperienza gli insegnò una lezione che non avrebbe mai dimenticato.
Sy eerste ervaring het hom 'n les geleer wat hy nooit sou vergeet nie.
Fu una fortuna che non fosse lui, altrimenti sarebbe morto anche lui.
Hy was gelukkig dat dit nie hy was nie, anders sou hy ook gesterf het.
Curly era quello che soffriva, mentre Buck osservava e imparava.
Krulletjie was die een wat gely het terwyl Buck gekyk en geleer het.
Si erano accampati vicino a un deposito costruito con tronchi.
Hulle het kamp opgeslaan naby 'n winkel wat van houtblokke gebou is.
Curly cercò di essere amichevole con un grosso husky simile a un lupo.
Krulletjie het probeer om vriendelik te wees teenoor 'n groot, wolfagtige husky.
L'husky era più piccolo di Curly, ma aveva un aspetto selvaggio e cattivo.
Die husky was kleiner as Curly, maar het wild en gemeen gelyk.
Senza preavviso, lui saltò su e le tagliò il viso.
Sonder waarskuwing het hy opgespring en haar gesig oopgesny.
Con un solo movimento i suoi denti le tagliarono l'occhio fino alla mascella.
Sy tande sny in een beweging van haar oog tot by haar kakebeen.
Ecco come combattevano i lupi: colpivano velocemente e saltavano via.
Só het wolwe geveg—vinnig geslaan en weggespring.
Ma c'era molto di più da imparare da quell'unico attacco.
Maar daar was meer om te leer as net uit daardie een aanval.

Decine di husky si precipitarono dentro e formarono un cerchio silenzioso.
Dosyne husky's het ingestorm en 'n stil sirkel gemaak.
Osservavano attentamente e si leccavano le labbra per la fame.
Hulle het stip dopgehou en hulle lippe van honger afgelek.
Buck non capiva il loro silenzio né i loro occhi ansiosi.
Buck het nie hulle stilte of hulle gretige oë verstaan nie.
Curly si lanciò ad attaccare l'husky una seconda volta.
Krulletjie het gehardloop om die husky 'n tweede keer aan te val.
Usò il suo petto per buttarla a terra con un movimento violento.
Hy het sy bors gebruik om haar met 'n kragtige beweging om te gooi.
Cadde su un fianco e non riuscì più a rialzarsi.
Sy het op haar sy geval en kon nie weer opstaan nie.
Era proprio quello che gli altri aspettavano da tempo.
Dit was waarvoor die ander heeltyd gewag het.
Gli husky le saltarono addosso, guaindo e ringhiando freneticamente.
Die huskies het op haar gespring, gillend en grommend in 'n waansin.
Lei urlò mentre la seppellivano sotto una pila di cani.
Sy het geskree terwyl hulle haar onder 'n hoop honde begrawe het.
L'attacco fu così rapido che Buck rimase immobile per lo shock.
Die aanval was so vinnig dat Buck van skok in plek gevries het.
Vide Spitz tirare fuori la lingua in un modo che sembrava una risata.
Hy het gesien hoe Spitz sy tong uitsteek op 'n manier wat soos 'n lag gelyk het.
François afferrò un'ascia e corse dritto verso il gruppo di cani.

François het 'n byl gegryp en reguit in die groep honde ingehardloop.
Altri tre uomini hanno usato dei manganelli per allontanare gli husky.
Drie ander mans het knuppels gebruik om die huskies weg te slaan.
In soli due minuti la lotta finì e i cani se ne andarono.
Binne net twee minute was die geveg verby en die honde was weg.
Curly giaceva morta nella neve rossa calpestata, con il corpo fatto a pezzi.
Krulletjie het dood in die rooi, vertrapte sneeu gelê, haar liggaam uitmekaar geskeur.
Un uomo dalla pelle scura era in piedi davanti a lei, maledicendo la scena brutale.
'n Donkervellige man het oor haar gestaan en die wrede toneel vervloek.
Il ricordo rimase con Buck e ossessionò i suoi sogni notturni.
Die herinnering het by Buck gebly en sy drome snags agtervolg.
Ecco come funzionava: niente equità, niente seconda possibilità.
Dit was die manier hier; geen regverdigheid, geen tweede kans nie.
Una volta caduto un cane, gli altri lo uccidevano senza pietà.
Sodra 'n hond geval het, sou die ander sonder genade doodmaak.
Buck decise allora che non si sarebbe mai lasciato cadere.
Buck het toe besluit dat hy homself nooit sou toelaat om te val nie.
Spitz tirò fuori di nuovo la lingua e rise guardando il sangue.
Spitz het weer sy tong uitgesteek en vir die bloed gelag.
Da quel momento in poi, Buck odiò Spitz con tutto il cuore.
Van daardie oomblik af het Buck Spitz met sy hele hart gehaat.

Prima che Buck potesse riprendersi dalla morte di Curly, accadde qualcosa di nuovo.
Voordat Buck van Curly se dood kon herstel, het iets nuuts gebeur.
François si avvicinò e legò qualcosa attorno al corpo di Buck.
François het nader gekom en iets om Buck se lyf vasgemaak.
Era un'imbracatura simile a quelle usate per i cavalli al ranch.
Dit was 'n harnas soos dié wat op perde op die plaas gebruik word.
Così come Buck aveva visto lavorare i cavalli, ora era costretto a lavorare anche lui.
Soos Buck perde sien werk het, moes hy nou ook werk.
Dovette trascinare François su una slitta nella foresta vicina.
Hy moes François op 'n slee die nabygeleë woud insleep.
Poi dovette trascinare indietro un pesante carico di legna da ardere.
Toe moes hy 'n vrag swaar brandhout terugtrek.
Buck era orgoglioso e gli faceva male essere trattato come un animale da lavoro.
Buck was trots, so dit het hom seergemaak om soos 'n werkdier behandel te word.
Ma era saggio e non cercò di combattere la nuova situazione.
Maar hy was wys en het nie probeer om die nuwe situasie te beveg nie.
Accettò la sua nuova vita e diede il massimo in ogni compito.
Hy het sy nuwe lewe aanvaar en sy beste in elke taak gegee.
Tutto di quel lavoro gli risultava strano e sconosciuto.
Alles omtrent die werk was vir hom vreemd en onbekend.
François era severo e pretendeva obbedienza senza indugio.
François was streng en het sonder versuim gehoorsaamheid geëis.
La sua frusta garantiva che ogni comando venisse eseguito immediatamente.
Sy sweep het verseker dat elke bevel gelyktydig gevolg is.

Dave era il timoniere, il cane più vicino alla slitta dietro Buck.
Dave was die wielbestuurder, die hond naaste aan die slee agter Buck.
Se commetteva un errore, Dave mordeva Buck sulle zampe posteriori.
Dave het Buck aan die agterpote gebyt as hy 'n fout gemaak het.
Spitz era il cane guida, abile ed esperto nel ruolo.
Spitz was die leidhond, bekwaam en ervare in die rol.
Spitz non riusciva a raggiungere Buck facilmente, ma lo corresse comunque.
Spitz kon Buck nie maklik bereik nie, maar het hom steeds reggehelp.
Ringhiava aspramente o tirava la slitta in modi che insegnavano a Buck.
Hy het hard gegrom of die slee getrek op maniere wat Buck geleer het.
Grazie a questo addestramento, Buck imparò più velocemente di quanto tutti si aspettassero.
Onder hierdie opleiding het Buck vinniger geleer as wat enigeen van hulle verwag het.
Lavorò duramente e imparò sia da François che dagli altri cani.
Hy het hard gewerk en by beide François en die ander honde geleer.
Quando tornarono, Buck conosceva già i comandi chiave.
Teen die tyd dat hulle teruggekeer het, het Buck reeds die sleutelbevele geken.
Imparò a fermarsi al suono della parola "oh" di François.
Hy het geleer om te stop by die klank van "ho" van François.
Imparò quando era il momento di tirare la slitta e correre.
Hy het geleer wanneer hy die slee moes trek en hardloop.
Imparò a svoltare senza problemi nelle curve del sentiero.
Hy het geleer om sonder probleme wyd te draai by draaie in die roete.

Imparò anche a evitare Dave quando la slitta scendeva velocemente.
Hy het ook geleer om Dave te vermy wanneer die slee vinnig afdraand gegaan het.
"Sono cani molto buoni", disse orgoglioso François a Perrault.
"Hulle is baie goeie honde," het François trots vir Perrault gesê.
"Quel Buck tira come un dannato, glielo insegno subito."
"Daardie Buck trek soos die hel—ek leer hom so vinnig as enigiets."

Più tardi quel giorno, Perrault tornò con altri due husky.
Later daardie dag het Perrault teruggekom met nog twee husky honde.
Si chiamavano Billee e Joe ed erano fratelli.
Hulle name was Billee en Joe, en hulle was broers.
Provenivano dalla stessa madre, ma non erano affatto simili.
Hulle het van dieselfde moeder gekom, maar was glad nie eenders nie.
Billee era un tipo dolce e molto amichevole con tutti.
Billee was goedhartig en te vriendelik met almal.
Joe era l'opposto: silenzioso, arrabbiato e sempre ringhiante.
Joe was die teenoorgestelde—stil, kwaad en altyd grommend.
Buck li salutò amichevolmente e si mantenne calmo con entrambi.
Buck het hulle vriendelik gegroet en was kalm met albei.
Dave non prestò loro attenzione e rimase in silenzio come al solito.
Dave het geen aandag aan hulle geskenk nie en soos gewoonlik stilgebly.
Spitz attaccò prima Billee, poi Joe, per dimostrare la sua superiorità.
Spitz het eers Billee, toe Joe, aangeval om sy oorheersing te toon.
Billee scodinzolava e cercava di essere amichevole con Spitz.

Billee het sy stert geswaai en probeer om vriendelik teenoor Spitz te wees.
Quando questo non funzionò, cercò di scappare.
Toe dit nie werk nie, het hy eerder probeer weghardloop.
Pianse tristemente quando Spitz lo morse forte sul fianco.
Hy het hartseer gehuil toe Spitz hom hard aan die sy gebyt het.
Ma Joe era molto diverso e si rifiutava di farsi prendere in giro.
Maar Joe was baie anders en het geweier om geboelie te word.
Ogni volta che Spitz si avvicinava, Joe si girava velocemente per affrontarlo.
Elke keer as Spitz naby gekom het, het Joe vinnig omgedraai om hom in die gesig te staar.
La sua pelliccia si drizzò, le sue labbra si arricciarono e i suoi denti schioccarono selvaggiamente.
Sy pels het geborsel, sy lippe het gekrul, en sy tande het wild geknap.
Gli occhi di Joe brillavano di paura e rabbia, sfidando Spitz a colpire.
Joe se oë het geglans van vrees en woede en Spitz uitgedaag om toe te slaan.
Spitz abbandonò la lotta e si voltò, umiliato e arrabbiato.
Spitz het die geveg opgegee en weggedraai, verneder en kwaad.
Sfogò la sua frustrazione sul povero Billee e lo cacciò via.
Hy het sy frustrasie op arme Billee uitgehaal en hom weggejaag.
Quella sera Perrault aggiunse un altro cane alla squadra.
Daardie aand het Perrault nog 'n hond by die span gevoeg.
Questo cane era vecchio, magro e coperto di cicatrici di battaglia.
Hierdie hond was oud, maer en bedek met oorlogslittekens.
Gli mancava un occhio, ma l'altro brillava di potere.
Een van sy oë was afwesig, maar die ander een het met krag geflits.

Il nome del nuovo cane era Solleks, che significa "l'Arrabbiato".
Die nuwe hond se naam was Solleks, wat die Kwaai Een beteken het.

Come Dave, Solleks non chiedeva nulla agli altri e non dava nulla in cambio.
Soos Dave, het Solleks niks van ander gevra nie, en niks teruggegee nie.

Quando Solleks entrò lentamente nell'accampamento, persino Spitz rimase lontano.
Toe Solleks stadig die kamp binnestap, het selfs Spitz weggebly.

Aveva una strana abitudine che Buck ebbe la sfortuna di scoprire.
Hy het 'n vreemde gewoonte gehad wat Buck ongelukkig was om te ontdek.

Solleks detestava essere avvicinato dal lato in cui era cieco.
Solleks het dit gehaat om benader te word aan die kant waar hy blind was.

Buck non lo sapeva e commise quell'errore per sbaglio.
Buck het dit nie geweet nie en het daardie fout per ongeluk gemaak.

Solleks si voltò di scatto e colpì la spalla di Buck in modo profondo e rapido.
Solleks het omgedraai en Buck se skouer diep en vinnig gesny.

Da quel momento in poi, Buck non si avvicinò mai più al lato cieco di Solleks.
Van daardie oomblik af het Buck nooit naby Solleks se blindekant gekom nie.

Non ebbero mai più problemi per il resto del tempo che trascorsero insieme.
Hulle het nooit weer probleme gehad vir die res van hul tyd saam nie.

Solleks voleva solo essere lasciato solo, come il tranquillo Dave.
Solleks wou net alleen gelaat word, soos stil Dave.

Ma Buck avrebbe scoperto in seguito che ognuno di loro aveva un altro obiettivo segreto.
Maar Buck sou later uitvind dat hulle elkeen 'n ander geheime doelwit gehad het.

Quella notte Buck si trovò ad affrontare una nuova e preoccupante sfida: come dormire.
Daardie nag het Buck 'n nuwe en ontstellende uitdaging in die gesig gestaar—hoe om te slaap.

La tenda era illuminata caldamente dalla luce delle candele nel campo innevato.
Die tent het warm gegloei met kerslig in die sneeubedekte veld.

Buck entrò, pensando che lì avrebbe potuto riposare come prima.
Buck het binnetoe geloop en gedink hy kon daar rus soos voorheen.

Ma Perrault e François gli urlarono contro e gli tirarono delle padelle.
Maar Perrault en François het na hom geskree en panne gegooi.

Sconvolto e confuso, Buck corse fuori nel freddo gelido.
Geskok en verward het Buck die ysige koue in gehardloop.

Un vento gelido gli pungeva la spalla ferita e gli congelava le zampe.
'n Bitter wind het sy gewonde skouer gesteek en sy pote gevries.

Si sdraiò sulla neve e cercò di dormire all'aperto.
Hy het in die sneeu gaan lê en probeer om in die oopte te slaap.

Ma il freddo lo costrinse presto a rialzarsi, tremando forte.
Maar die koue het hom gou gedwing om weer op te staan, terwyl hy erg bewerig was.

Vagò per l'accampamento, cercando di trovare un posto più caldo.
Hy het deur die kamp gedwaal en probeer om 'n warmer plek te vind.

Ma ogni angolo era freddo come quello precedente.

Maar elke hoekie was net so koud soos die vorige een.
A volte dei cani feroci gli saltavano addosso dall'oscurità.
Soms het wilde honde vanuit die donkerte op hom gespring.
Buck drizzò il pelo, scoprì i denti e ringhiò in tono ammonitore.
Buck het sy pels geborsel, sy tande ontbloot en waarskuwend gegrom.
Lui stava imparando in fretta e gli altri cani si sono subito tirati indietro.
Hy het vinnig geleer, en die ander honde het vinnig teruggedeins.
Tuttavia, non aveva un posto dove dormire e non aveva idea di cosa fare.
Tog het hy geen plek gehad om te slaap nie, en geen idee wat om te doen nie.
Alla fine gli venne in mente un pensiero: andare a dare un'occhiata ai suoi compagni di squadra.
Uiteindelik het 'n gedagte by hom opgekom — kyk na sy spanmaats.
Ritornò nella loro zona e rimase sorpreso nel constatare che non c'erano più.
Hy het na hul gebied teruggekeer en was verbaas om te sien dat hulle weg is.
Cercò di nuovo nell'accampamento, ma ancora non riuscì a trovarli.
Weer het hy die kamp deursoek, maar kon hulle steeds nie vind nie.
Sapeva che loro non potevano stare nella tenda, altrimenti ci sarebbe stato anche lui.
Hy het geweet hulle kon nie in die tent wees nie, anders sou hy ook wees.
E allora, dove erano finiti tutti i cani in quell'accampamento ghiacciato?
So waarheen het al die honde in hierdie bevrore kamp gegaan?
Buck, infreddolito e infelice, girò lentamente intorno alla tenda.

Buck, koud en ellendig, het stadig om die tent gesirkel.
All'improvviso, le sue zampe anteriori sprofondarono nella neve soffice e lo spaventarono.
Skielik het sy voorpote in die sagte sneeu gesink en hom laat skrik.
Qualcosa si mosse sotto i suoi piedi e lui fece un salto indietro per la paura.
Iets het onder sy voete gewriemel, en hy het van vrees agteroor gespring.
Ringhiava e ringhiava, non sapendo cosa si nascondesse sotto la neve.
Hy het gegrom en gegrom, sonder om te weet wat onder die sneeu lê.
Poi udì un piccolo abbaio amichevole che placò la sua paura.
Toe hoor hy 'n vriendelike klein geblaf wat sy vrees verlig het.
Annusò l'aria e si avvicinò per vedere cosa fosse nascosto.
Hy het die lug gesnuif en nader gekom om te sien wat versteek was.
Sotto la neve, rannicchiata in una calda palla, c'era la piccola Billee.
Onder die sneeu, opgerol in 'n warm bal, was klein Billee.
Billee scodinzolò e leccò il muso di Buck per salutarlo.
Billee het sy stert geswaai en Buck se gesig gelek om hom te groet.
Buck vide come Billee si era costruito un posto per dormire nella neve.
Buck het gesien hoe Billee 'n slaapplek in die sneeu gemaak het.
Aveva scavato e sfruttato il suo calore per scaldarsi.
Hy het afgegrawe en sy eie hitte gebruik om warm te bly.
Buck aveva imparato un'altra lezione: ecco come dormivano i cani.
Buck het nog 'n les geleer — só het die honde geslaap.
Scelse un posto e cominciò a scavare la sua buca nella neve.
Hy het 'n plek gekies en sy eie gat in die sneeu begin grawe.
All'inizio si muoveva troppo e sprecava energie.
Aanvanklik het hy te veel rondbeweeg en energie vermors.

Ma ben presto il suo corpo riscaldò lo spazio e si sentì al sicuro.
Maar gou het sy liggaam die ruimte warm gemaak, en hy het veilig gevoel.
Si rannicchiò forte e poco dopo si addormentò profondamente.
Hy het styf opgerol, en kort voor lank was hy vas aan die slaap.
La giornata era stata lunga e dura e Buck era esausto.
Die dag was lank en moeilik, en Buck was uitgeput.
Dormì profondamente e comodamente, anche se fece sogni selvaggi.
Hy het diep en gemaklik geslaap, alhoewel sy drome wild was.
Ringhiava e abbaiava nel sonno, contorcendosi mentre sognava.
Hy het in sy slaap gegrom en geblaf, en gedraai terwyl hy gedroom het.

Buck non si svegliò finché l'accampamento non cominciò a prendere vita.
Buck het nie wakker geword voordat die kamp reeds tot lewe gekom het nie.
All'inizio non sapeva dove si trovasse o cosa fosse successo.
Aanvanklik het hy nie geweet waar hy was of wat gebeur het nie.
La neve era caduta durante la notte e aveva seppellito completamente il suo corpo.
Sneeu het oornag geval en sy liggaam heeltemal begrawe.
La neve lo circondava, fitta su tutti i lati.
Die sneeu het om hom vasgedruk, styf aan alle kante.
All'improvviso un'ondata di paura percorse tutto il corpo di Buck.
Skielik het 'n vlaag van vrees deur Buck se hele liggaam gejaag.
Era la paura di rimanere intrappolati, una paura che proveniva da istinti profondi.

Dit was die vrees om vasgevang te word, 'n vrees uit diep instinkte.

Sebbene non avesse mai visto una trappola, la paura era viva dentro di lui.

Alhoewel hy nog nooit 'n lokval gesien het nie, het die vrees binne-in hom geleef.

Era un cane addomesticato, ma ora i suoi vecchi istinti selvaggi si stavano risvegliando.

Hy was 'n mak hond, maar nou het sy ou wilde instinkte wakker geword.

I muscoli di Buck si irrigidirono e il pelo gli si rizzò su tutta la schiena.

Buck se spiere het gespanne geraak, en sy pels het oor sy hele rug regop gestaan.

Ringhiò furiosamente e balzò in piedi nella neve.

Hy het woes gegrom en reguit deur die sneeu gespring.

La neve volava in ogni direzione mentre lui irrompeva nella luce del giorno.

Sneeu het in alle rigtings gevlieg toe hy in die daglig uitbars.

Ancora prima di atterrare, Buck vide l'accampamento disteso davanti a lui.

Selfs voor landing het Buck die kamp voor hom sien uitsprei.

Ricordò tutto del giorno prima, tutto in una volta.

Hy het alles van die vorige dag tegelyk onthou.

Ricordava di aver passeggiato con Manuel e di essere finito in quel posto.

Hy het onthou hoe hy saam met Manuel gestap het en op hierdie plek beland het.

Ricordava di aver scavato la buca e di essersi addormentato al freddo.

Hy het onthou hoe hy die gat gegrawe en in die koue aan die slaap geraak het.

Ora era sveglio e il mondo selvaggio intorno a lui era limpido.

Nou was hy wakker, en die wilde wêreld rondom hom was helder.

Un grido di François annunciò l'improvvisa apparizione di Buck.
'n Geroep van François het Buck se skielike verskyning begroet.
"Cosa ho detto?" gridò a gran voce il conducente del cane a Perrault.
"Wat het ek gesê?" het die hondebestuurder hard vir Perrault geskree.
"Quel Buck impara sicuramente in fretta", ha aggiunto François.
"Daardie Buck leer verseker so vinnig soos enigiets anders," het François bygevoeg.
Perrault annuì gravemente, visibilmente soddisfatto del risultato.
Perrault het ernstig geknik, duidelik tevrede met die resultaat.
In qualità di corriere del governo canadese, trasportava dispacci.
As 'n koerier vir die Kanadese regering het hy versendings vervoer.
Era ansioso di trovare i cani migliori per la sua importante missione.
Hy was gretig om die beste honde vir sy belangrike sending te vind.
Ora si sentiva particolarmente contento che Buck facesse parte della squadra.
Hy was veral bly nou dat Buck deel van die span was.
Nel giro di un'ora, alla squadra furono aggiunti altri tre husky.
Drie verdere huskies is binne 'n uur by die span gevoeg.
Ciò ha portato il numero totale dei cani della squadra a nove.
Dit het die totale aantal honde in die span op nege te staan gebring.
Nel giro di quindici minuti tutti i cani erano imbracati.
Binne vyftien minute was al die honde in hul harnasse.
La squadra di slitte stava risalendo il sentiero verso Dyea Cañon.

Die sleespan het die paadjie opgeswaai in die rigting van Dyea Cañon.

Buck era contento di andarsene, anche se il lavoro che lo attendeva era duro.

Buck was bly om te vertrek, selfs al was die werk wat voorlê moeilik.

Scoprì di non disprezzare particolarmente né il lavoro né il freddo.

Hy het gevind dat hy die arbeid of die koue nie besonder verag het nie.

Fu sorpreso dall'entusiasmo che pervadeva tutta la squadra.

Hy was verbaas deur die gretigheid wat die hele span gevul het.

Ancora più sorprendente fu il cambiamento avvenuto in Dave e Solleks.

Nog meer verrassend was die verandering wat oor Dave en Solleks gekom het.

Questi due cani erano completamente diversi quando venivano imbrigliati.

Hierdie twee honde was heeltemal verskillend toe hulle getuig was.

La loro passività e la loro disattenzione erano completamente scomparse.

Hul passiwiteit en gebrek aan besorgdheid het heeltemal verdwyn.

Erano attenti e attivi, desiderosi di svolgere bene il loro lavoro.

Hulle was wakker en aktief, en gretig om hul werk goed te doen.

Si irritavano ferocemente per qualsiasi cosa provocasse ritardi o confusione.

Hulle het hewig geïrriteerd geraak oor enigiets wat vertraging of verwarring veroorsaak het.

Il duro lavoro sulle redini era il centro del loro intero essere.

Die harde werk aan die teuels was die middelpunt van hulle hele wese.

Sembrava che l'unica cosa che gli piacesse davvero fosse tirare la slitta.
Slee trek was blykbaar die enigste ding wat hulle werklik geniet het.
Dave era in fondo al gruppo, il più vicino alla slitta.
Dave was agter in die groep, naaste aan die slee self.
Buck fu messo davanti a Dave e Solleks superò Buck.
Buck is voor Dave geplaas, en Solleks het voor Buck getrek.
Il resto dei cani era disposto in fila indiana davanti a loro.
Die res van die honde was in 'n enkele ry vooruit uitgespan.
La posizione di testa in prima linea era occupata da Spitz.
Die voorste posisie aan die voorpunt is deur Spitz gevul.
Buck era stato messo tra Dave e Solleks per essere istruito.
Buck is tussen Dave en Solleks geplaas vir instruksie.
Lui imparava in fretta e gli insegnanti erano risoluti e capaci.
Hy was 'n vinnige leerder, en hulle was ferm en bekwame onderwysers.
Non permisero mai a Buck di restare a lungo nell'errore.
Hulle het Buck nooit lank in die foute laat bly nie.
Quando necessario, impartivano le lezioni con denti affilati.
Hulle het hul lesse met skerp tande geleer wanneer nodig.
Dave era giusto e dimostrava una saggezza pacata e seria.
Dave was regverdig en het 'n stil, ernstige soort wysheid getoon.
Non mordeva mai Buck senza una buona ragione.
Hy het Buck nooit gebyt sonder 'n goeie rede daarvoor nie.
Ma non mancava mai di mordere quando Buck aveva bisogno di essere corretto.
Maar hy het nooit versuim om te byt wanneer Buck regstelling nodig gehad het nie.
La frusta di François era sempre pronta e sosteneva la loro autorità.
François se sweep was altyd gereed en het hul gesag ondersteun.
Buck scoprì presto che era meglio obbedire che reagire.
Buck het gou gevind dat dit beter was om te gehoorsaam as om terug te veg.

Una volta, durante un breve riposo, Buck rimase impigliato nelle redini.
Eenkeer, tydens 'n kort ruskans, het Buck in die teuels verstrengel geraak.
Ritardò la partenza e confuse i movimenti della squadra.
Hy het die begin vertraag en die span se beweging verwar.
Dave e Solleks si avventarono su di lui e lo picchiarono duramente.
Dave en Solleks het op hom afgestorm en hom 'n growwe pak slae gegee.
La situazione peggiorò ulteriormente, ma Buck imparò bene la lezione.
Die deurmekaarspul het net erger geword, maar Buck het sy les goed geleer.
Da quel momento in poi tenne le redini tese e lavorò con attenzione.
Van toe af het hy die leisels styf gehou en versigtig gewerk.
Prima che la giornata finisse, Buck aveva portato a termine gran parte del suo compito.
Voor die einde van die dag het Buck baie van sy taak bemeester.
I suoi compagni di squadra quasi smisero di correggerlo o di morderlo.
Sy spanmaats het amper opgehou om hom te korrigeer of te byt.
La frusta di François schioccava nell'aria sempre meno spesso.
François se sweep het al hoe minder gereeld deur die lug gekraak.
Perrault sollevò addirittura i piedi di Buck ed esaminò attentamente ogni zampa.
Perrault het selfs Buck se voete opgelig en elke poot noukeurig ondersoek.
Era stata una giornata di corsa dura, lunga ed estenuante per tutti loro.
Dit was 'n harde dag se hardloop, lank en uitputtend vir hulle almal.

Risalirono il Cañon, attraversarono Sheep Camp e superarono le Scales.
Hulle het met die Cañon opgereis, deur Skaapkamp en verby die Skale.

Superarono il limite della vegetazione arborea, poi ghiacciai e cumuli di neve alti diversi metri.
Hulle het die houtgrens oorgesteek, toe gletsers en sneeudrifte baie voet diep.

Scalarono il grande e freddo Chilkoot Divide.
Hulle het die groot koue en verskriklike Chilkoot-kloof geklim.

Quella cresta elevata si ergeva tra l'acqua salata e l'interno ghiacciato.
Daardie hoë rant het tussen soutwater en die bevrore binneland gestaan.

Le montagne custodivano il triste e solitario Nord con ghiaccio e ripide salite.
Die berge het die droewige en eensame Noorde met ys en steil klimme bewaak.

Scesero rapidamente lungo una lunga catena di laghi sotto la dorsale.
Hulle het goeie tyd gemaak deur 'n lang ketting mere onder die kloof.

Questi laghi riempivano gli antichi crateri di vulcani spenti.
Daardie mere het die antieke kraters van uitgedoofde vulkane gevul.

Quella notte tardi raggiunsero un grande accampamento presso il lago Bennett.
Laat daardie nag het hulle 'n groot kamp by Lake Bennett bereik.

Migliaia di cercatori d'oro erano lì, intenti a costruire barche per la primavera.
Duisende goudsoekers was daar, besig om bote vir die lente te bou.

Il ghiaccio si sarebbe presto rotto e dovevano essere pronti.
Die ys sou binnekort opbreek, en hulle moes gereed wees.

Buck scavò la sua buca nella neve e cadde in un sonno profondo.
Buck het sy gat in die sneeu gegrawe en in 'n diep slaap geval.
Dormiva come un lavoratore, esausto dopo una dura giornata di lavoro.
Hy het geslaap soos 'n werkende man, uitgeput van die strawwe dag van swoeg.
Ma venne strappato al sonno troppo presto, nell'oscurità.
Maar te vroeg in die donkerte is hy uit die slaap gesleep.
Fu nuovamente imbrigliato insieme ai suoi compagni e attaccato alla slitta.
Hy is weer saam met sy maats vasgespan en aan die slee vasgemaak.
Quel giorno percorsero quaranta miglia, perché la neve era ben calpestata.
Daardie dag het hulle veertig myl afgelê, want die sneeu was goed getrap.
Il giorno dopo, e per molti giorni a seguire, la neve era soffice.
Die volgende dag, en vir baie dae daarna, was die sneeu sag.
Dovettero farsi strada da soli, lavorando di più e muovendosi più lentamente.
Hulle moes self die pad maak, harder werk en stadiger beweeg.
Di solito, Perrault camminava davanti alla squadra con le ciaspole palmate.
Gewoonlik het Perrault voor die span geloop met sneeuskoene met webbe.
I suoi passi compattavano la neve, facilitando lo spostamento della slitta.
Sy treë het die sneeu vasgepak, wat dit vir die slee makliker gemaak het om te beweeg.
François, che era al timone della barca a vela, a volte prendeva il comando.
François, wat van die gee-paal af gestuur het, het soms oorgeneem.
Ma era raro che François prendesse l'iniziativa

Maar dit was seldsaam dat François die leiding geneem het
perché Perrault aveva fretta di consegnare le lettere e i pacchi.
omdat Perrault haastig was om die briewe en pakkies af te lewer.
Perrault era orgoglioso della sua conoscenza della neve, e in particolare del ghiaccio.
Perrault was trots op sy kennis van sneeu, en veral ys.
Questa conoscenza era essenziale perché il ghiaccio autunnale era pericolosamente sottile.
Daardie kennis was noodsaaklik, want herfsys was gevaarlik dun.
Dove l'acqua scorreva rapidamente sotto la superficie non c'era affatto ghiaccio.
Waar water vinnig onder die oppervlak gevloei het, was daar glad nie ys nie.

Giorno dopo giorno, la stessa routine si ripeteva senza fine.
Dag na dag, dieselfde roetine herhaal sonder einde.
Buck lavorava senza sosta con le redini, dall'alba alla sera.
Buck het eindeloos in die leisels geswoeg van dagbreek tot nag.
Lasciarono l'accampamento al buio, molto prima che sorgesse il sole.
Hulle het die kamp in die donker verlaat, lank voor die son opgekom het.
Quando spuntò l'alba, avevano già percorso molti chilometri.
Teen die tyd dat daglig aangebreek het, was baie kilometers reeds agter hulle.
Si accamparono dopo il tramonto, mangiando pesce e scavando buche nella neve.
Hulle het ná donker kamp opgeslaan, vis geëet en in die sneeu gegrawe.
Buck era sempre affamato e non era mai veramente soddisfatto della sua razione.

Buck was altyd honger en nooit werklik tevrede met sy rantsoen nie.
Riceveva ogni giorno mezzo chilo di salmone essiccato.
Hy het elke dag 'n pond en 'n half gedroogde salm ontvang.
Ma il cibo sembrò svanire dentro di lui, lasciandogli solo la fame.
Maar die kos het binne-in hom verdwyn en die honger agtergelaat.
Soffriva di continui morsi della fame e sognava di avere più cibo.
Hy het aan voortdurende hongerpyne gely en van meer kos gedroom.
Gli altri cani hanno ricevuto solo mezzo chilo di cibo, ma sono rimasti forti.
Die ander honde het net een pond kos gekry, maar hulle het sterk gebly.
Erano più piccoli ed erano nati in una società nordica.
Hulle was kleiner, en was in die noordelike lewe gebore.
Perse rapidamente la pignoleria che aveva caratterizzato la sua vecchia vita.
Hy het vinnig die noukeurigheid verloor wat sy ou lewe gekenmerk het.
Fino a quel momento era stato un mangiatore prelibato, ma ora non gli era più possibile.
Hy was 'n fyn eter, maar nou was dit nie meer moontlik nie.
I suoi compagni arrivarono primi e gli rubarono la razione rimasta.
Sy maats het eerste klaargemaak en hom van sy onvoltooide rantsoen beroof.
Una volta cominciati, non c'era più modo di difendere il cibo da loro.
Toe hulle eers begin het, was daar geen manier om sy kos teen hulle te verdedig nie.
Mentre lui lottava contro due o tre cani, gli altri rubarono il resto.
Terwyl hy twee of drie honde afgeweer het, het die ander die res gesteel.

Per risolvere il problema, cominciò a mangiare velocemente come mangiavano gli altri.
Om dit reg te stel, het hy so vinnig begin eet soos die ander geëet het.

La fame lo spingeva così forte che arrivò persino a prendere del cibo non suo.
Honger het hom so gedryf dat hy selfs kos geneem het wat nie sy eie was nie.

Osservò gli altri e imparò rapidamente dalle loro azioni.
Hy het die ander dopgehou en vinnig uit hul optrede geleer.

Vide Pike, un nuovo cane, rubare una fetta di pancetta a Perrault.
Hy het gesien hoe Pike, 'n nuwe hond, 'n sny spek van Perrault steel.

Pike aveva aspettato che Perrault gli voltasse le spalle per rubare la pagnotta.
Pike het gewag totdat Perrault se rug gedraai is om die spek te steel.

Il giorno dopo, Buck copiò Pike e rubò l'intero pezzo.
Die volgende dag het Buck Pike nageboots en die hele stuk gesteel.

Seguì un gran tumulto, ma Buck non fu sospettato.
'n Groot oproer het gevolg, maar Buck is nie verdink nie.

Al suo posto venne punito Dub, un cane goffo che veniva sempre beccato.
Dub, 'n lomp hond wat altyd gevang is, is eerder gestraf.

Quel primo furto fece di Buck un cane adatto a sopravvivere al Nord.
Daardie eerste diefstal het Buck gemerk as 'n hond wat geskik is om die Noorde te oorleef.

Ha dimostrato di sapersi adattare alle nuove condizioni e di saper imparare rapidamente.
Hy het gewys dat hy by nuwe omstandighede kan aanpas en vinnig kan leer.

Senza tale adattabilità, sarebbe morto rapidamente e gravemente.
Sonder sulke aanpasbaarheid sou hy vinnig en sleg gesterf het.

Segnò anche il crollo della sua natura morale e dei suoi valori passati.
Dit het ook die ineenstorting van sy morele aard en vorige waardes gemerk.

Nel Southland aveva vissuto secondo la legge dell'amore e della gentilezza.
In die Suidland het hy onder die wet van liefde en vriendelikheid geleef.

Lì aveva senso rispettare la proprietà e i sentimenti degli altri cani.
Daar het dit sin gemaak om eiendom en ander honde se gevoelens te respekteer.

Ma i Northland seguivano la legge del bastone e la legge della zanna.
Maar die Noordland het die wet van die knuppel en die wet van die slagtand gevolg.

Chiunque rispettasse i vecchi valori era uno sciocco e avrebbe fallito.
Wie ook al ou waardes hier gerespekteer het, was dwaas en sou misluk.

Buck non rifletté su tutto questo nella sua mente.
Buck het dit alles nie in sy gedagtes uitgeredeneer nie.

Era in forma e quindi si adattò senza pensarci due volte.
Hy was fiks, en daarom het hy aangepas sonder om te hoef te dink.

In tutta la sua vita non era mai fuggito da una rissa.
Sy hele lewe lank het hy nog nooit van 'n geveg weggehardloop nie.

Ma la mazza di legno dell'uomo con il maglione rosso cambiò la regola.
Maar die houtknuppel van die man in die rooi trui het daardie reël verander.

Ora seguiva un codice più profondo e antico, inscritto nel suo essere.
Nou het hy 'n dieper, ouer kode gevolg wat in sy wese geskryf was.

Non rubava per piacere, ma per il dolore della fame.

Hy het nie uit plesier gesteel nie, maar uit die pyn van die honger.
Non rubava mai apertamente, ma rubava con astuzia e attenzione.
Hy het nooit openlik beroof nie, maar met slinksheid en sorg gesteel.
Agì per rispetto verso la clava di legno e per paura delle zanne.
Hy het opgetree uit respek vir die houtknuppel en vrees vir die slagtand.
In breve, ha fatto ciò che era più facile e sicuro che non farlo.
Kortom, hy het gedoen wat makliker en veiliger was as om dit nie te doen nie.
Il suo sviluppo, o forse il suo ritorno ai vecchi istinti, fu rapido.
Sy ontwikkeling—of miskien sy terugkeer na ou instinkte—was vinnig.
I suoi muscoli si indurirono fino a diventare forti come il ferro.
Sy spiere het verhard totdat hulle so sterk soos yster gevoel het.
Non gli importava più del dolore, a meno che non fosse grave.
Hy het nie meer omgegee vir pyn nie, tensy dit ernstig was.
Divenne efficiente dentro e fuori, senza sprecare nulla.
Hy het van binne en van buite doeltreffend geword en glad niks vermors nie.
Poteva mangiare cose disgustose, marce o difficili da digerire.
Hy kon dinge eet wat afstootlik, vrot of moeilik verteerbaar was.
Qualunque cosa mangiasse, il suo stomaco ne sfruttava ogni singolo pezzetto di valore.
Wat hy ook al geëet het, sy maag het elke laaste bietjie waarde gebruik.
Il suo sangue trasportava i nutrienti in tutto il suo potente corpo.

Sy bloed het die voedingstowwe ver deur sy kragtige liggaam gedra.

Ciò gli ha permesso di sviluppare tessuti forti che gli hanno conferito un'incredibile resistenza.

Dit het sterk weefsel gebou wat hom ongelooflike uithouvermoë gegee het.

La sua vista e il suo olfatto diventarono molto più sensibili di prima.

Sy sig en reuk het baie meer sensitief geword as voorheen.

Il suo udito diventò così acuto che riusciva a percepire anche i suoni più deboli durante il sonno.

Sy gehoor het so skerp geword dat hy dowwe geluide in sy slaap kon opspoor.

Nei sogni sapeva se quei suoni significavano sicurezza o pericolo.

Hy het in sy drome geweet of die geluide veiligheid of gevaar beteken het.

Imparò a mordere con i denti il ghiaccio tra le dita dei piedi.

Hy het geleer om die ys tussen sy tone met sy tande te byt.

Se una pozza d'acqua si ghiacciava, lui rompeva il ghiaccio con le gambe.

As 'n watergat toevries, sou hy die ys met sy bene breek.

Si impennò e colpì duramente il ghiaccio con gli arti anteriori rigidi.

Hy het orent gekom en die ys hard met stywe voorpote geslaan.

La sua abilità più sorprendente era quella di prevedere i cambiamenti del vento durante la notte.

Sy mees opvallende vermoë was om windveranderinge oornag te voorspel.

Anche quando l'aria era immobile, sceglieva luoghi riparati dal vento.

Selfs toe die lug stil was, het hy plekke gekies wat teen die wind beskut was.

Ovunque scavasse il nido, il vento del giorno dopo lo superava.

Waar hy ook al sy nes gegrawe het, het die volgende dag se wind hom verbygewaai.

Alla fine si ritrovava sempre al sicuro e protetto, al riparo dal vento.

Hy het altyd knus en beskermd geëindig, aan die lykkant van die briesie.

Buck non solo imparò dall'esperienza: anche il suo istinto tornò.

Buck het nie net deur ondervinding geleer nie — sy instinkte het ook teruggekeer.

Le abitudini delle generazioni addomesticate cominciarono a scomparire.

Die gewoontes van makgemaakte geslagte het begin wegval.

Ricordava vagamente i tempi antichi della sua razza.

Op vae maniere het hy die antieke tye van sy ras onthou.

Ripensò a quando i cani selvatici correvano in branco nelle foreste.

Hy het teruggedink aan toe wildehonde in troppe deur woude gehardloop het.

Avevano inseguito e ucciso la loro preda mentre la inseguivano.

Hulle het hul prooi gejaag en doodgemaak terwyl hulle dit afgejaag het.

Per Buck fu facile imparare a combattere con forza e velocità.

Dit was maklik vir Buck om te leer hoe om met tand en spoed te veg.

Come i suoi antenati, usava tagli, squarci e schiocchi rapidi.

Hy het snye, houe en vinnige knape gebruik, net soos sy voorouers.

Quegli antenati si risvegliarono in lui e risvegliarono la sua natura selvaggia.

Daardie voorouers het in hom geroer en sy wilde natuur wakker gemaak.

Le loro vecchie abilità gli erano state trasmesse attraverso la linea di sangue.

Hul ou vaardighede het deur die bloedlyn in hom oorgedra.

Ora i loro trucchi erano suoi, senza bisogno di pratica o sforzo.
Hul truuks was nou syne, sonder enige oefening of moeite.

Nelle notti fredde e tranquille, Buck sollevava il naso e ululò.
Op stil, koue nagte het Buck sy neus opgelig en gehuil.
Ululò a lungo e profondamente, come facevano i lupi tanto tempo fa.
Hy het lank en diep gehuil, soos wolwe lank gelede gedoen het.
Attraverso di lui, i suoi antenati defunti puntarono il naso e ulularono.
Deur hom het sy oorlede voorouers hul neuse gewys en gehuil.
Hanno ululato attraverso i secoli con la sua voce e la sua forma.
Hulle het deur die eeue heen gehuil in sy stem en gedaante.
Le sue cadenze erano le loro, vecchi gridi che parlavano di dolore e di freddo.
Sy kadense was hulle s'n, ou uitroepe wat van hartseer en koue vertel het.
Cantavano dell'oscurità, della fame e del significato dell'inverno.
Hulle het gesing van duisternis, van honger en die betekenis van die winter.
Buck ha dimostrato come la vita sia plasmata da forze che vanno oltre noi stessi,
Buck het bewys hoe die lewe gevorm word deur kragte buite jouself,
l'antico canto risuonò nelle vene di Buck e si impadronì della sua anima.
die antieke lied het deur Buck opgestaan en sy siel beetgepak.
Ritrovò se stesso perché gli uomini avevano trovato l'oro nel Nord.
Hy het homself gevind omdat mans goud in die Noorde gevind het.

E lo trovò perché Manuel, l'aiutante giardiniere, aveva bisogno di soldi.
En hy het homself bevind omdat Manuel, die tuinier se helper, geld nodig gehad het.

La Bestia Primordiale Dominante
Die Dominante Oerdier

La bestia primordiale dominante era più forte che mai in Buck.
Die dominante oerbeest was so sterk soos altyd in Buck.
Ma la bestia primordiale dominante era rimasta dormiente in lui.
Maar die dominante oerdier het dormant in hom gelê.
La vita sui sentieri era dura, ma rafforzava la bestia che era in Buck.
Die lewe op die roete was hard, maar dit het die dier binne Buck versterk.
Segretamente la bestia diventava sempre più forte ogni giorno.
In die geheim het die dier elke dag sterker en sterker geword.
Ma quella crescita interiore è rimasta nascosta al mondo esterno.
Maar daardie innerlike groei het vir die buitewêreld verborge gebly.
Una forza primordiale calma e silenziosa si stava formando dentro Buck.
'n Stil en kalm oerkrag was besig om binne-in Buck op te bou.
Una nuova astuzia diede a Buck equilibrio, calma e compostezza.
Nuwe listigheid het Buck balans, kalmte en beheersing gegee.
Buck si concentrò molto sull'adattamento, senza mai sentirsi completamente rilassato.
Buck het hard gefokus op aanpassing, en het nooit heeltemal ontspanne gevoel nie.
Evitava i conflitti, non iniziava mai litigi e non cercava mai guai.
Hy het konflik vermy, nooit bakleiery begin of moeilikheid gesoek nie.
Ogni mossa di Buck era scandita da una riflessione lenta e costante.

'n Stadige, bestendige bedagsaamheid het Buck se elke beweging gevorm.
Evitava scelte avventate e decisioni improvvise e sconsiderate.
Hy het oorhaastige keuses en skielike, roekelose besluite vermy.
Sebbene Buck odiasse profondamente Spitz, non gli mostrò alcuna aggressività.
Alhoewel Buck Spitz diep gehaat het, het hy hom geen aggressie getoon nie.
Buck non provocò mai Spitz e mantenne le sue azioni moderate.
Buck het Spitz nooit uitgelok nie, en het sy optrede beheersd gehou.
Spitz, d'altro canto, percepì il pericolo crescente in Buck.
Spitz, aan die ander kant, het die groeiende gevaar in Buck aangevoel.
Vedeva Buck come una minaccia e una seria sfida al suo potere.
Hy het Buck as 'n bedreiging en 'n ernstige uitdaging vir sy mag beskou.
Coglieva ogni occasione per ringhiare e mostrare i suoi denti aguzzi.
Hy het elke kans gebruik om te grom en sy skerp tande te wys.
Stava cercando di dare inizio allo scontro mortale che sarebbe dovuto avvenire.
Hy het probeer om die dodelike geveg te begin wat moes kom.
All'inizio del viaggio, tra loro scoppiò quasi una lite.
Vroeg in die reis het 'n geveg amper tussen hulle uitgebreek.
Ma un incidente inaspettato impedì che il combattimento avesse luogo.
Maar 'n onverwagte ongeluk het die geveg verhoed.
Quella sera si accamparono sul gelido lago Le Barge.
Daardie aand het hulle kamp opgeslaan by die bitterkoue Lake Le Barge.
La neve cadeva fitta e il vento era tagliente come una lama.

Die sneeu het hard geval, en die wind het soos 'n mes gesny.
La notte era scesa troppo in fretta e l'oscurità li aveva avvolti.
Die nag het te vinnig gekom, en duisternis het hulle omring.
Difficilmente avrebbero potuto scegliere un posto peggiore per riposare.
Hulle kon nouliks 'n slegter plek vir rus gekies het.
I cani cercavano disperatamente un posto dove sdraiarsi.
Die honde het desperaat gesoek na 'n plek om te lê.
Dietro il piccolo gruppo si ergeva un'alta parete rocciosa.
'n Hoë rotsmuur het steil agter die klein groepie verrys.
Per alleggerire il carico, la tenda era stata lasciata a Dyea.
Die tent is in Dyea agtergelaat om die las ligter te maak.
Non avevano altra scelta che accendere il fuoco direttamente sul ghiaccio.
Hulle het geen ander keuse gehad as om self die vuur op die ys te maak nie.
Stendevano i loro accappatoi direttamente sul lago ghiacciato.
Hulle het hul slaapklere direk op die bevrore meer uitgesprei.
Qualche pezzo di legno galleggiante dava loro un po' di fuoco.
'n Paar stokke dryfhout het hulle 'n bietjie vuur gegee.
Ma il fuoco è stato acceso sul ghiaccio e attraverso di esso si è scongelato.
Maar die vuur is op die ys gebou en daardeur ontdooi.
Alla fine cenarono al buio.
Uiteindelik het hulle hul aandete in die donker geëet.
Buck si rannicchiò accanto alla roccia, al riparo dal vento freddo.
Buck het langs die rots opgekrul, beskut teen die koue wind.
Il posto era così caldo e sicuro che Buck non voleva andarsene.
Die plek was so warm en veilig dat Buck dit gehaat het om weg te trek.
Ma François aveva scaldato il pesce e stava distribuendo le razioni.

Maar François het die vis warm gemaak en was besig om rantsoene uit te deel.

Buck finì di mangiare in fretta e tornò a letto.
Buck het vinnig klaar geëet en teruggekeer na sy bed.

Ma Spitz ora giaceva dove Buck aveva preparato il suo letto.
Maar Spitz het nou gelê waar Buck sy bed opgemaak het.

Un ringhio basso avvertì Buck che Spitz si rifiutava di muoversi.
'n Sagte gegrom het Buck gewaarsku dat Spitz geweier het om te beweeg.

Finora Buck aveva evitato lo scontro con Spitz.
Tot nou toe het Buck hierdie geveg met Spitz vermy.

Ma nel profondo di Buck la bestia alla fine si liberò.
Maar diep binne Buck het die dier uiteindelik losgebreek.

Il furto del suo posto letto era troppo da tollerare.
Die diefstal van sy slaapplek was te veel om te duld.

Buck si lanciò contro Spitz, pieno di rabbia e furore.
Buck het homself na Spitz gestorm, vol woede en woede.

Fino a quel momento Spitz aveva pensato che Buck fosse solo un grosso cane.
Tot nou toe het Spitz gedink Buck was net 'n groot hond.

Non pensava che Buck fosse sopravvissuto grazie al suo spirito.
Hy het nie gedink Buck het deur sy gees oorleef nie.

Si aspettava paura e codardia, non furia e vendetta.
Hy het vrees en lafhartigheid verwag, nie woede en wraak nie.

François rimase a guardare mentre entrambi i cani schizzavano fuori dal nido in rovina.
François het gestaar terwyl albei honde uit die verwoeste nes bars.

Capì subito cosa aveva scatenato quella violenta lotta.
Hy het dadelik verstaan wat die wilde stryd begin het.

"Aa-ah!" gridò François in sostegno del cane marrone.
"Aa-ah!" het François uitgeroep ter ondersteuning van die bruin hond.

"Dategli una bella lezione! Per Dio, punite quel ladro furbo!"
"Gee hom 'n pak slae! By God, straf daardie slinkse dief!"

Spitz dimostrò altrettanta prontezza e fervore nel combattere.
Spitz het ewe veel gereedheid en wilde gretigheid om te veg getoon.
Gridò di rabbia mentre girava velocemente in tondo, cercando un varco.
Hy het woedend uitgeroep terwyl hy vinnig om die draai gekom het, op soek na 'n opening.
Buck mostrò la stessa fame di combattere e la stessa cautela.
Buck het dieselfde honger om te veg, en dieselfde versigtigheid getoon.
Anche lui girò intorno al suo avversario, cercando di avere la meglio nella battaglia.
Hy het ook om sy teenstander gesirkel in 'n poging om die oorhand in die geveg te kry.
Poi accadde qualcosa di inaspettato e cambiò tutto.
Toe gebeur iets onverwags en verander alles.
Quel momento ritardò l'eventuale lotta per la leadership.
Daardie oomblik het die uiteindelike stryd om die leierskap vertraag.
Ci sarebbero ancora molti chilometri di sentiero e di lotta da percorrere prima della fine.
Baie kilometers se roete en gesukkel het nog voor die einde gewag.
Perrault urlò un'imprecazione mentre una mazza colpiva l'osso.
Perrault het 'n eed geskreeu terwyl 'n knuppel teen die been geslaan het.
Seguì un acuto grido di dolore, poi il caos esplose tutt'intorno.
'n Skerp pyngil het gevolg, toe het chaos oral ontplof.
Forme scure si muovevano nell'accampamento: husky selvatici, affamati e feroci.
Donker gedaantes het in die kamp beweeg; wilde husky's, uitgehonger en fel.
Quattro o cinque dozzine di husky avevano fiutato l'accampamento da molto lontano.

Vier of vyf dosyn huskies het die kamp van ver af besnuffel.
Si erano introdotti furtivamente mentre i due cani litigavano lì vicino.
Hulle het stilweg ingesluip terwyl die twee honde naby baklei het.
François e Perrault si lanciarono all'attacco, colpendo con i manganelli gli invasori.
François en Perrault het aangeval en knuppels na die indringers geswaai.
Gli husky affamati mostrarono i denti e si dibatterono freneticamente.
Die uitgehongerde huskies het tande gewys en woes teruggeveg.
L'odore della carne e del pane li aveva fatti superare ogni paura.
Die reuk van vleis en brood het hulle oor alle vrees gedryf.
Perrault picchiò un cane che aveva nascosto la testa nella buca delle vivande.
Perrault het 'n hond geslaan wat sy kop in die larwehok begrawe het.
Il colpo fu violento e la scatola si ribaltò, facendo fuoriuscire il cibo.
Die hou het hard geslaan, en die boks het omgeslaan, en kos het uitgemors.
Nel giro di pochi secondi, una ventina di bestie feroci si avventarono sul pane e sulla carne.
Binne sekondes het 'n tiental wilde diere die brood en vleis verskeur.
I bastoni degli uomini sferrarono un colpo dopo l'altro, ma nessun cane si allontanò.
Die mansklubs het hou na hou geland, maar geen hond het weggedraai nie.
Urlavano di dolore, ma continuarono a lottare finché non rimase più cibo.
Hulle het gehuil van die pyn, maar geveg totdat daar geen kos oor was nie.

Nel frattempo i cani da slitta erano saltati giù dalle loro culle innevate.
Intussen het die sleehonde van hul sneeubedekte beddens afgespring.
Furono immediatamente attaccati dai feroci e affamati husky.
Hulle is onmiddellik aangeval deur die wrede honger huskies.
Buck non aveva mai visto prima creature così selvagge e affamate.
Buck het nog nooit tevore sulke wilde en uitgehongerde wesens gesien nie.
La loro pelle pendeva flaccida, nascondendo a malapena lo scheletro.
Hul vel het los gehang en skaars hul geraamtes versteek.
C'era un fuoco nei loro occhi, per fame e follia
Daar was 'n vuur in hulle oë, van honger en waansin
Non c'era modo di fermarli, di resistere al loro assalto selvaggio.
Daar was geen keer vir hulle nie; geen weerstand teen hul wrede stormloop nie.
I cani da slitta vennero spinti indietro e premuti contro la parete della scogliera.
Die sleehonde is teruggestoot, teen die kransmuur gedruk.
Tre husky attaccarono Buck contemporaneamente, lacerandogli la carne.
Drie husky's het Buck gelyktydig aangeval en in sy vlees geskeur.
Il sangue gli colava dalla testa e dalle spalle, dove era stato tagliato.
Bloed het uit sy kop en skouers gestroom, waar hy gesny was.
Il rumore riempì l'accampamento: ringhi, guaiti e grida di dolore.
Die geraas het die kamp gevul; gegrom, gegil en pynkrete.
Billee pianse forte, come al solito, presa dal panico e dalla mischia.
Billee het hard gehuil, soos gewoonlik, vasgevang in die geveg en paniek.

Dave e Solleks rimasero fianco a fianco, sanguinanti ma con aria di sfida.
Dave en Solleks het langs mekaar gestaan, bloeiend maar uitdagend.

Joe lottava come un demonio, mordendo tutto ciò che gli si avvicinava.
Joe het soos 'n demoon geveg en enigiets gebyt wat naby gekom het.

Con un violento schiocco di mascelle schiacciò la zampa di un husky.
Hy het 'n husky se been met een brutale klap van sy kake vergruis.

Pike saltò sull'husky ferito e gli ruppe il collo all'istante.
Snoek het op die gewonde husky gespring en sy nek onmiddellik gebreek.

Buck afferrò un husky per la gola e gli strappò la vena.
Buck het 'n hees hond aan die keel gegryp en deur die aar geskeur.

Il sangue schizzò e il sapore caldo mandò Buck in delirio.
Bloed het gespuit, en die warm smaak het Buck in 'n waansin gedryf.

Si lanciò contro un altro aggressore senza esitazione.
Hy het homself sonder aarseling op 'n ander aanvaller gegooi.

Nello stesso momento, denti aguzzi si conficcarono nella gola di Buck.
Op dieselfde oomblik het skerp tande in Buck se eie keel gegrawe.

Spitz aveva colpito di lato, attaccando senza preavviso.
Spitz het van die kant af toegeslaan en sonder waarskuwing aangeval.

Perrault e François avevano sconfitto i cani rubando il cibo.
Perrault en François het die honde wat die kos gesteel het, verslaan.

Ora si precipitarono ad aiutare i loro cani a respingere gli aggressori.
Nou het hulle gehaas om hul honde te help om die aanvallers terug te veg.

I cani affamati si ritirarono mentre gli uomini roteavano i loro manganelli.
Die uitgehongerde honde het teruggetrek terwyl die mans hul knuppels geswaai het.
Buck riuscì a liberarsi dall'attacco, ma la fuga fu breve.
Buck het van die aanval losgebreek, maar die ontsnapping was van korte duur.
Gli uomini corsero a salvare i loro cani e gli husky tornarono ad attaccarli.
Die mans het gehardloop om hul honde te red, en die husky's het weer geswerm.
Billee, spaventato e coraggioso, si lanciò nel branco di cani.
Billee, verskrik tot dapperheid, spring in die trop honde in.
Ma poi fuggì attraverso il ghiaccio, in preda al terrore e al panico.
Maar toe het hy oor die ys gevlug, in rou vrees en paniek.
Pike e Dub li seguirono da vicino, correndo per salvarsi la vita.
Pike en Dub het kort agter hulle gevolg en vir hul lewens gehardloop.
Il resto della squadra si disperse e li inseguì.
Die res van die span het uitgebreek en verstrooi, agter hulle aan.
Buck raccolse le forze per correre, ma poi vide un lampo.
Buck het sy kragte bymekaargeskraap om te hardloop, maar toe sien hy 'n flits.
Spitz si lanciò verso Buck, cercando di buttarlo a terra.
Spitz het na Buck se sy gestorm en probeer om hom teen die grond te gooi.
Sotto quella banda di husky, Buck non avrebbe avuto scampo.
Onder daardie skare husky's sou Buck geen ontsnapping gehad het nie.
Ma Buck rimase fermo e si preparò al colpo di Spitz.
Maar Buck het ferm gebly en hom gestaal vir die hou van Spitz.
Poi si voltò e corse sul ghiaccio con la squadra in fuga.

Toe omdraai hy en hardloop saam met die vlugtende span op die ys.

Più tardi i nove cani da slitta si radunarono al riparo del bosco.
Later het die nege sleehonde in die skuiling van die bos bymekaargekom.
Nessuno li inseguiva più, ma erano malconci e feriti.
Niemand het hulle meer agternagesit nie, maar hulle is aangerand en gewond.
Ogni cane presentava delle ferite: quattro o cinque tagli profondi su ogni corpo.
Elke hond het wonde gehad; vier of vyf diep snye aan elke liggaam.
Dub aveva una zampa posteriore ferita e ora faceva fatica a camminare.
Dub het 'n beseerde agterbeen gehad en het gesukkel om nou te loop.
Dolly, l'ultimo cane arrivato da Dyea, aveva la gola tagliata.
Dolly, die nuutste hond van Dyea, het 'n afgesnyde keel gehad.
Joe aveva perso un occhio e l'orecchio di Billee era stato tagliato a pezzi
Joe het 'n oog verloor, en Billee se oor was in stukke gesny.
Tutti i cani piansero per il dolore e la sconfitta durante la notte.
Al die honde het deur die nag van pyn en nederlaag gehuil.
All'alba tornorono lentamente all'accampamento, doloranti e distrutti.
Met dagbreek het hulle terug kamp toe gesluip, seer en stukkend.
Gli husky erano scomparsi, ma il danno era fatto.
Die husky's het verdwyn, maar die skade was aangerig.
Perrault e François erano di pessimo umore e osservavano le rovine.
Perrault en François het in slegte buie gestaan oor die ruïne.
Metà del cibo era sparito, rubato dai ladri affamati.

Die helfte van die kos was weg, gesteel deur die honger diewe.
Gli husky avevano strappato le corde e la tela della slitta.
Die huskies het deur sleebindings en seil geskeur.
Tutto ciò che aveva odore di cibo era stato divorato completamente.
Enigiets met 'n reuk na kos is heeltemal verslind.
Mangiarono un paio di stivali da viaggio in pelle di alce di Perrault.
Hulle het 'n paar van Perrault se elandvel-reisstewels geëet.
Hanno masticato le pelli e rovinato i cinturini rendendoli inutilizzabili.
Hulle het leerreise gekou en bande onbruikbaar verwoes.
François smise di fissare la frusta strappata per controllare i cani.
François het opgehou staar na die geskeurde wimper om die honde te ondersoek.
«Ah, amici miei», disse con voce bassa e preoccupata.
"Ag, my vriende," het hy gesê, sy stem laag en vol kommer.
"Forse tutti questi morsi vi trasformeranno in bestie pazze."
"Miskien sal al hierdie byte julle in mal diere verander."
"Forse tutti cani rabbiosi, sacredam! Che ne pensi, Perrault?"
"Miskien almal mal honde, heilige dame! Wat dink jy, Perrault?"
Perrault scosse la testa, con gli occhi scuri per la preoccupazione e la paura.
Perrault het sy kop geskud, oë donker van kommer en vrees.
C'erano ancora quattrocento miglia tra loro e Dawson.
Vierhonderd myl het nog tussen hulle en Dawson gelê.
La follia dei cani potrebbe ormai distruggere ogni possibilità di sopravvivenza.
Honde-waansin kan nou enige kans op oorlewing vernietig.
Hanno passato due ore a imprecare e a cercare di riparare l'attrezzatura.
Hulle het twee ure lank gevloek en probeer om die toerusting reg te maak.

La squadra ferita alla fine lasciò l'accampamento, distrutta e sconfitta.
Die gewonde span het uiteindelik die kamp verlaat, gebroke en verslaan.
Questo è stato il sentiero più duro finora e ogni passo è stato doloroso.
Dit was die moeilikste roete tot nog toe, en elke tree was pynlik.
Il fiume Thirty Mile non era ghiacciato e scorreva impetuoso.
Die Dertig Myl-rivier het nie gevries nie, en het wild gestroom.
Soltanto nei punti calmi e nei vortici il ghiaccio riusciva a resistere.
Slegs in kalm kolle en kolkende draaikolke het ys daarin geslaag om te hou.
Trascorsero sei giorni di duro lavoro per percorrere le trenta miglia.
Ses dae van harde arbeid het verbygegaan totdat die dertig myl voltooi was.
Ogni miglio del sentiero porta con sé pericoli e minacce di morte.
Elke myl van die roete het gevaar en die dreiging van die dood gebring.
Uomini e cani rischiavano la vita a ogni passo doloroso.
Die mans en honde het hul lewens met elke pynlike tree gewaag.
Perrault riuscì a superare i sottili ponti di ghiaccio una dozzina di volte.
Perrault het 'n dosyn verskillende kere deur dun ysbruggies gebreek.
Prese un palo e lo lasciò cadere nel buco creato dal suo corpo.
Hy het 'n paal gedra en dit oor die gat wat sy liggaam gemaak het, laat val.
Quel palo salvò Perrault più di una volta dall'annegamento.

Meer as een keer het daardie paal Perrault van verdrinking gered.

L'ondata di freddo persisteva, la temperatura era di cinquanta gradi sotto zero.

Die koue vlaag het vasgehou, die lug was vyftig grade onder vriespunt.

Ogni volta che cadeva, Perrault era costretto ad accendere un fuoco per sopravvivere.

Elke keer as hy ingeval het, moes Perrault 'n vuur aansteek om te oorleef.

Gli abiti bagnati si congelavano rapidamente, perciò li faceva asciugare vicino al calore cocente.

Nat klere het vinnig gevries, so hy het dit naby die brandende hitte gedroog.

Perrault non provava mai paura, e questo faceva di lui un corriere.

Geen vrees het Perrault ooit geraak nie, en dit het hom 'n koerier gemaak.

Fu scelto per affrontare il pericolo e lo affrontò con silenziosa determinazione.

Hy is gekies vir gevaar, en hy het dit met stille vasberadenheid tegemoetgegaan.

Si spinse in avanti controvento, con il viso raggrinzito e congelato.

Hy het vorentoe teen die wind gedruk, sy verrekte gesig bevrore.

Perrault li guidò in avanti dall'alba al tramonto.

Van flou dagbreek tot nagval het Perrault hulle verder gelei.

Camminava sul ghiaccio sottile che scricchiolava a ogni passo.

Hy het op smal randys geloop wat met elke tree gekraak het.

Non osavano fermarsi: ogni pausa rischiava di provocare un crollo mortale.

Hulle het nie gewaag om te stop nie—elke pouse het 'n dodelike ineenstorting in gevaar gestel.

Una volta la slitta si ruppe, trascinando dentro Dave e Buck.

Eenkeer het die slee deurgebreek en Dave en Buck ingesleep.

Quando furono liberati, entrambi erano quasi congelati.
Teen die tyd dat hulle vrygesleep is, was albei amper gevries.
Gli uomini accesero rapidamente un fuoco per salvare Buck e Dave.
Die mans het vinnig 'n vuur gemaak om Buck en Dave aan die lewe te hou.
I cani erano ricoperti di ghiaccio dal naso alla coda, rigidi come legno intagliato.
Die honde was van neus tot stert met ys bedek, styf soos gesnede hout.
Gli uomini li fecero correre in cerchio vicino al fuoco per scongelarne i corpi.
Die mans het hulle in sirkels naby die vuur laat hardloop om hulle liggame te ontdooi.
Si avvicinarono così tanto alle fiamme che la loro pelliccia rimase bruciacchiata.
Hulle het so naby aan die vlamme gekom dat hulle pels geskroei het.
Spitz ruppe poi il ghiaccio, trascinando dietro di sé la squadra.
Spitz het volgende deur die ys gebreek en die span agter hom ingesleep.
La frenata arrivava fino al punto in cui Buck stava tirando.
Die breuk het heeltemal tot by waar Buck getrek het, gestrek.
Buck si appoggiò bruscamente allo schienale, con le zampe che scivolavano e tremavano sul bordo.
Buck leun hard agteroor, pote gly en bewe op die rand.
Anche Dave si sforzò all'indietro, proprio dietro Buck sulla linea.
Dave het ook agtertoe gespanne geraak, net agter Buck op die lyn.
François tirava la slitta e i suoi muscoli scricchiolavano per lo sforzo.
François het op die slee getrek, sy spiere het gekraak van inspanning.
Un'altra volta, il ghiaccio del bordo si è crepato davanti e dietro la slitta.

Nog 'n keer het randys voor en agter die slee gekraak.
Non avevano altra via d'uscita se non quella di arrampicarsi su una parete ghiacciata.
Hulle het geen uitweg gehad behalwe om teen 'n bevrore kransmuur uit te klim nie.
In qualche modo Perrault riuscì a scalare il muro: un miracolo lo tenne in vita.
Perrault het op een of ander manier teen die muur uitgeklim; 'n wonderwerk het hom aan die lewe gehou.
François rimase sottocoperta, pregando che gli capitasse la stessa fortuna.
François het onder gebly en vir dieselfde soort geluk gebid.
Legarono ogni cinghia, legatura e tirante in un'unica lunga corda.
Hulle het elke band, vasmaakplek en spoor in een lang tou vasgemaak.
Gli uomini trascinarono i cani uno alla volta fino in cima.
Die mans het elke hond, een op 'n slag, na bo gesleep.
François salì per ultimo, dopo la slitta e tutto il carico.
François het laaste geklim, na die slee en die hele vrag.
Poi iniziò una lunga ricerca di un sentiero che scendesse dalle scogliere.
Toe begin 'n lang soektog na 'n pad van die kranse af.
Alla fine scesero utilizzando la stessa corda che avevano costruito.
Hulle het uiteindelik afgeklim met dieselfde tou wat hulle gemaak het.
Scese la notte mentre tornavano al letto del fiume, esausti e doloranti.
Die nag het geval toe hulle uitgeput en seer na die rivierbedding terugkeer.
Avevano impiegato un giorno intero per percorrere solo un quarto di miglio.
Die volle dag het hulle slegs 'n kwartmyl se wins opgelewer.
Quando giunsero all'Hootalinqua, Buck era sfinito.
Teen die tyd dat hulle die Hootalinqua bereik het, was Buck uitgeput.

Anche gli altri cani soffrivano le stesse condizioni del sentiero.
Die ander honde het net so erg onder die roetetoestande gely.
Ma Perrault aveva bisogno di recuperare tempo e li spingeva avanti giorno dopo giorno.
Maar Perrault moes tyd herwin en het hulle elke dag aangepor.
Il primo giorno percorsero trenta miglia fino a Big Salmon.
Die eerste dag het hulle dertig myl na Big Salmon gereis.
Il giorno dopo percorsero trentacinque miglia fino a Little Salmon.
Die volgende dag het hulle vyf-en-dertig myl na Little Salmon gereis.
Il terzo giorno percorsero quaranta miglia ghiacciate.
Op die derde dag het hulle deur veertig lang bevrore myle gedruk.
A quel punto si stavano avvicinando all'insediamento di Five Fingers.
Teen daardie tyd was hulle naby die nedersetting Five Fingers.

I piedi di Buck erano più morbidi di quelli duri degli husky autoctoni.
Buck se voete was sagter as die harde voete van inheemse huskies.
Le sue zampe erano diventate tenere nel corso di molte generazioni civilizzate.
Sy pote het oor baie beskaafde geslagte sag geword.
Molto tempo fa, i suoi antenati erano stati addomesticati dagli uomini del fiume o dai cacciatori.
Lank gelede is sy voorouers deur riviermense of jagters getem.
Ogni giorno Buck zoppicava per il dolore, camminando con le zampe screpolate e doloranti.
Elke dag het Buck mank geloop van die pyn, en op rou, seer pote geloop.
Giunto all'accampamento, Buck cadde come un corpo senza vita sulla neve.

By die kamp het Buck soos 'n lewelose vorm op die sneeu geval.

Sebbene fosse affamato, Buck non si alzò per consumare il pasto serale.

Alhoewel hy uitgehonger was, het Buck nie opgestaan om sy aandete te eet nie.

François portò la sua razione a Buck, mettendogli del pesce vicino al muso.

François het vir Buck sy rantsoen gebring en vis by sy snoet gelê.

Ogni notte l'autista massaggiava i piedi di Buck per mezz'ora.

Elke aand het die bestuurder Buck se voete vir 'n halfuur gevryf.

François arrivò persino a tagliare i suoi mocassini per farne delle calzature per cani.

François het selfs sy eie mokassins opgesny om hondeskoene te maak.

Quattro scarpe calde diedero a Buck un grande e gradito sollievo.

Vier warm skoene het Buck 'n groot en welkome verligting gegee.

Una mattina François dimenticò le scarpe e Buck si rifiutò di alzarsi.

Een oggend het François die skoene vergeet, en Buck het geweier om op te staan.

Buck giaceva sulla schiena, con i piedi in aria, e li agitava in modo pietoso.

Buck het op sy rug gelê, sy voete in die lug, en hulle jammerlik gewaai.

Persino Perrault sorrise alla vista dell'appello drammatico di Buck.

Selfs Perrault het geglimlag by die aanskoue van Buck se dramatiese pleidooi.

Ben presto i piedi di Buck diventarono duri e le scarpe poterono essere tolte.

Gou het Buck se voete hard geword, en die skoene kon weggegooi word.

A Pelly, durante il periodo in cui veniva imbrigliata, Dolly emise un ululato terribile.

By Pelly, gedurende die tuigtyd, het Dolly 'n verskriklike gehuil uitgestoot.

Il grido era lungo e pieno di follia, e fece tremare tutti i cani.

Die gehuil was lank en gevul met waansin, en het elke hond geskud.

Ogni cane si rizzava per la paura, senza capirne il motivo.

Elke hond het van vrees geskrik sonder om die rede te weet.

Dolly era impazzita e si era scagliata contro Buck.

Dolly het mal geword en haarself reguit na Buck gegooi.

Buck non aveva mai visto la follia, ma l'orrore gli riempì il cuore.

Buck het nog nooit waansin gesien nie, maar afgryse het sy hart gevul.

Senza pensarci due volte, si voltò e fuggì in preda al panico più assoluto.

Sonder enige gedagte het hy omgedraai en in absolute paniek gevlug.

Dolly lo inseguì, con gli occhi selvaggi e la saliva che le colava dalle fauci.

Dolly het hom agternagesit, haar oë wild, speeksel wat uit haar kake vlieg.

Si tenne sempre dietro a Buck, senza mai guadagnare terreno e senza mai indietreggiare.

Sy het reg agter Buck gebly, nooit gewen of teruggedeins nie.

Buck corse attraverso i boschi, giù per l'isola, sul ghiaccio frastagliato.

Buck het deur die woude gehardloop, langs die eiland af, oor gekartelde ys.

Attraversò un'isola, poi un'altra, per poi tornare indietro verso il fiume.

Hy het na 'n eiland gegaan, toe na 'n ander, en terug na die rivier gesirkel.

Dolly continuava a inseguirlo, ringhiando sempre più forte a ogni passo.
Dolly het hom steeds agternagesit, haar gegrom kort agter haar met elke tree.
Buck poteva sentire il suo respiro e la sua rabbia, anche se non osava voltarsi indietro.
Buck kon haar asemhaling en woede hoor, hoewel hy nie durf terugkyk nie.
François gridò da lontano e Buck si voltò verso la voce.
François het van ver af geskree, en Buck het na die stem gedraai.
Ancora senza fiato, Buck corse oltre, riponendo ogni speranza in François.
Nog steeds snakend na asem, hardloop Buck verby en plaas alle hoop op François.
Il conducente del cane sollevò un'ascia e aspettò che Buck gli passasse accanto.
Die hondebestuurder het 'n byl opgelig en gewag terwyl Buck verbyvlieg.
L'ascia calò rapidamente e colpì la testa di Dolly con forza mortale.
Die byl het vinnig neergekom en Dolly se kop met dodelike krag getref.
Buck crollò vicino alla slitta, ansimando e incapace di muoversi.
Buck het naby die slee ineengestort, hygend asemhaal en nie in staat om te beweeg nie.
Quel momento diede a Spitz la possibilità di colpire un nemico esausto.
Daardie oomblik het Spitz sy kans gegee om 'n uitgeputte teenstander te slaan.
Morse Buck due volte, strappandogli la carne fino all'osso bianco.
Twee keer het hy Buck gebyt en vleis tot op die wit been afgeskeur.
La frusta di François schioccò, colpendo Spitz con tutta la sua forza, con furia.

François se sweep het gekraak en Spitz met volle, woedende krag getref.

Buck guardò con gioia Spitz mentre riceveva il pestaggio più duro fino a quel momento.

Buck het met vreugde gekyk hoe Spitz sy ergste pak slae tot nog toe ontvang het.

«È un diavolo, quello Spitz», borbottò Perrault tra sé e sé.

"Hy's 'n duiwel, daardie Spitz," het Perrault donker vir homself gemompel.

"Un giorno o l'altro, quel cane maledetto ucciderà Buck, lo giuro."

"Eendag binnekort sal daardie vervloekte hond Buck doodmaak—ek sweer dit."

«Quel Buck ha due diavoli dentro di sé», rispose François annuendo.

"Daardie Buck het twee duiwels in hom," antwoord François met 'n knik.

"Quando osservo Buck, so che dentro di lui si cela qualcosa di feroce."

"Wanneer ek vir Buck kyk, weet ek iets fels wag in hom."

"Un giorno, si infurierà come il fuoco e farà a pezzi Spitz."

"Eendag sal hy woedend word en Spitz aan stukke skeur."

"Masticherà quel cane e lo sputerà sulla neve ghiacciata."

"Hy sal daardie hond opkou en hom op die bevrore sneeu spoeg."

"Certo, lo so fin nel profondo."

"So seker as enigiets, ek weet dit diep in my bene."

Da quel momento in poi, i due cani furono in guerra tra loro.

Van daardie oomblik af was die twee honde in 'n oorlog gewikkel.

Spitz guidava la squadra e deteneva il potere, ma Buck lo sfidava.

Spitz het die span gelei en mag behou, maar Buck het dit betwis.

Spitz si rese conto che il suo rango era minacciato da questo strano straniero del Sud.

Spitz het gesien hoe sy rang bedreig word deur hierdie vreemde Suidland-vreemdeling.

Buck era diverso da tutti i cani del sud che Spitz aveva conosciuto fino ad allora.

Buck was anders as enige suidelike hond wat Spitz voorheen geken het.

La maggior parte di loro fallì: troppo deboli per sopravvivere al freddo e alla fame.

Die meeste van hulle het misluk — te swak om deur koue en honger te oorleef.

Morirono rapidamente a causa del lavoro, del gelo e del lento bruciare della carestia.

Hulle het vinnig gesterf onder arbeid, ryp en die stadige brand van hongersnood.

Buck si distingueva: ogni giorno più forte, più intelligente e più selvaggio.

Buck het uitsonderlik gestaan — sterker, slimmer en meer barbaars elke dag.

Ha prosperato nonostante le difficoltà, crescendo al pari degli husky del nord.

Hy het op ontbering gefloreer en gegroei om by die noordelike huskies te pas.

Buck era dotato di forza, abilità straordinaria e un istinto paziente e letale.

Buck het krag, wilde vaardigheid en 'n geduldige, dodelike instink gehad.

L'uomo con la mazza aveva annientato Buck per fargli perdere la temerarietà.

Die man met die knuppel het Buck se onbesonnenheid uitgeslaan.

La furia cieca se n'era andata, sostituita da un'astuzia silenziosa e dal controllo.

Blinde woede was weg, vervang deur stille listigheid en beheer.

Attese, calmo e primordiale, in attesa del momento giusto.

Hy het gewag, kalm en oer, en uitgesien na die regte oomblik.

La loro lotta per il comando divenne inevitabile e chiara.

Hul stryd om bevel het onvermydelik en duidelik geword.
Buck desiderava la leadership perché il suo spirito la richiedeva.
Buck het leierskap begeer omdat sy gees dit vereis het.
Era spinto da quello strano orgoglio che nasceva dal sentiero e dall'imbracatura.
Hy is gedryf deur die vreemde trots wat gebore is uit roete en harnas.
Quell'orgoglio faceva sì che i cani tirassero fino a crollare sulla neve.
Daardie trots het honde laat trek totdat hulle op die sneeu ineengestort het.
L'orgoglio li spinse a dare tutta la forza che avevano.
Trots het hulle gelok om al die krag wat hulle gehad het te gee.
L'orgoglio può trascinare un cane da slitta fino al punto di ucciderlo.
Trots kan 'n sleehond selfs tot die punt van die dood lok.
Perdere l'imbracatura rendeva i cani deboli e senza scopo.
Om die harnas te verloor, het honde gebroke en sonder doel gelaat.
Il cuore di un cane da slitta può essere spezzato dalla vergogna quando va in pensione.
Die hart van 'n sleehond kan deur skaamte verpletter word wanneer hulle aftree.
Dave viveva con questo orgoglio mentre trascinava la slitta da dietro.
Dave het volgens daardie trots geleef terwyl hy die slee van agter af gesleep het.
Anche Solleks diede il massimo con cupa forza e lealtà.
Solleks het ook sy alles gegee met grimmige krag en lojaliteit.
Ogni mattina l'orgoglio li trasformava da amareggiati a determinati.
Elke oggend het trots hulle van bitter na vasberade verander.
Spinsero per tutto il giorno, poi tacquero una volta giunti alla fine dell'accampamento.

Hulle het die hele dag gedruk, toe stil geword aan die einde van die kamp.

Quell'orgoglio diede a Spitz la forza di mettere in riga i fannulloni.

Daardie trots het Spitz die krag gegee om ontduikers in die lyn te klop.

Spitz temeva Buck perché Buck nutriva lo stesso profondo orgoglio.

Spitz het Buck gevrees omdat Buck dieselfde diep trots gedra het.

L'orgoglio di Buck ora si agitò contro Spitz, ma lui non si fermò.

Buck se trots het nou teen Spitz geroer, en hy het nie opgehou nie.

Buck sfidò il potere di Spitz e gli impedì di punire i cani.

Buck het Spitz se mag getrotseer en hom verhoed om honde te straf.

Quando gli altri fallivano, Buck si frapponeva tra loro e il loro capo.

Toe ander misluk het, het Buck tussen hulle en hul leier getree.

Lo fece con intenzione, rendendo la sua sfida aperta e chiara.

Hy het dit met opset gedoen en sy uitdaging oop en duidelik gemaak.

Una notte una forte nevicata coprì il mondo in un profondo silenzio.

Een nag het swaar sneeu die wêreld in diepe stilte toegemaak.

La mattina dopo, Pike, pigro come sempre, non si alzò per andare al lavoro.

Die volgende oggend het Pike, lui soos altyd, nie opgestaan vir werk nie.

Rimase nascosto nel suo nido sotto uno spesso strato di neve.

Hy het in sy nes onder 'n dik laag sneeu weggesteek gebly.

François gridò e cercò, ma non riuscì a trovare il cane.

François het geroep en gesoek, maar kon die hond nie vind nie.

Spitz si infuriò e si scagliò contro l'accampamento coperto di neve.
Spitz het woedend geword en deur die sneeubedekte kamp gestorm.
Ringhiò e annusò, scavando freneticamente con gli occhi fiammeggianti.
Hy het gegrom en gesnuif, terwyl hy woes met brandende oë gegrawe het.
La sua rabbia era così violenta che Pike tremava sotto la neve per la paura.
Sy woede was so fel dat Pike onder die sneeu van vrees gebewe het.
Quando finalmente Pike fu trovato, Spitz si lanciò per punire il cane nascosto.
Toe Pike uiteindelik gevind is, het Spitz gespring om die wegkruipende hond te straf.
Ma Buck si scagliò tra loro con una furia pari a quella di Spitz.
Maar Buck het tussen hulle gespring met 'n woede gelykstaande aan Spitz s'n.
L'attacco fu così improvviso e astuto che Spitz cadde a terra.
Die aanval was so skielik en slim dat Spitz van sy voete af geval het.
Pike, che tremava, trasse coraggio da questa sfida.
Pike, wat gebewe het, het moed geput uit hierdie verset.
Seguendo l'audace esempio di Buck, saltò sullo Spitz caduto.
Hy het op die gevalle Spitz gespring, en Buck se dapper voorbeeld gevolg.
Buck, non più vincolato dall'equità, si unì allo sciopero di Spitz.
Buck, nie meer gebonde aan billikheid nie, het by die staking op Spitz aangesluit.
François, divertito ma fermo nella disciplina, agitò la sua pesante frusta.
François, geamuseerd maar ferm in dissipline, het sy swaar hou geswaai.
Colpì Buck con tutta la sua forza per interrompere la rissa.

Hy het Buck met al sy krag geslaan om die geveg te beëindig.
Buck si rifiutò di muoversi e rimase in groppa al capo caduto.
Buck het geweier om te beweeg en het bo-op die gevalle leier gebly.
François allora usò il manico della frusta e colpì Buck con violenza.
François het toe die sweep se handvatsel gebruik en Buck hard geslaan.
Barcollando per il colpo, Buck cadde all'indietro sotto l'assalto.
Buck het gewankel van die slag en teruggeval onder die aanval.
François colpì più volte mentre Spitz puniva Pike.
François het oor en oor toegeslaan terwyl Spitz vir Pike gestraf het.

Passarono i giorni e Dawson City si avvicinava sempre di più.
Dae het verbygegaan, en Dawson City het al hoe nader gekom.
Buck continuava a intromettersi, infilandosi tra Spitz e gli altri cani.
Buck het aanhou inmeng en tussen Spitz en ander honde ingeglip.
Sceglieva bene i suoi momenti, aspettando sempre che François se ne andasse.
Hy het sy oomblikke goed gekies en altyd gewag vir François om te vertrek.
La ribellione silenziosa di Buck si diffuse e il disordine prese piede nella squadra.
Buck se stil rebellie het versprei, en wanorde het in die span wortel geskiet.
Dave e Solleks rimasero leali, ma altri diventarono indisciplinati.
Dave en Solleks het lojaal gebly, maar ander het oproerig geword.

La squadra peggiorò: divenne irrequieta, litigiosa e fuori luogo.
Die span het erger geword—rusteloos, twisgierig en uit lyn.
Ormai niente filava liscio e le liti diventavano all'ordine del giorno.
Niks het meer vlot gewerk nie, en bakleiery het algemeen geword.
Buck rimase sempre al centro dei guai, provocando disordini.
Buck het in die kern van die moeilikheid gebly en altyd onrus veroorsaak.
François rimase vigile, temendo la lotta tra Buck e Spitz.
François het waaksaam gebly, bang vir die geveg tussen Buck en Spitz.
Ogni notte veniva svegliato da zuffe e temeva che finalmente fosse arrivato l'inizio.
Elke nag het gevegte hom wakker gemaak, uit vrees dat die begin uiteindelik aangebreek het.
Balzò fuori dalla veste, pronto a interrompere la rissa.
Hy het uit sy kleed gespring, gereed om die geveg te beëindig.
Ma il momento non arrivò mai e alla fine raggiunsero Dawson.
Maar die oomblik het nooit aangebreek nie, en hulle het uiteindelik Dawson bereik.
La squadra entrò in città in un pomeriggio cupo, teso e silenzioso.
Die span het een somber middag die dorp binnegekom, gespanne en stil.
La grande battaglia per la leadership era ancora sospesa nell'aria gelida.
Die groot stryd om leierskap het steeds in die yskoue lug gehang.
Dawson era piena di uomini e cani da slitta, tutti impegnati nel lavoro.
Dawson was vol mans en sleehonde, almal besig met werk.
Buck osservava i cani trainare i carichi dalla mattina alla sera.

Buck het die honde van die oggend tot die aand dopgehou terwyl hulle vragte trek.
Trasportavano tronchi e legna da ardere e spedivano rifornimenti alle miniere.
Hulle het stompe en brandhout vervoer en voorrade na die myne vervoer.
Nel Southland, dove un tempo lavoravano i cavalli, ora lavoravano i cani.
Waar perde eens in die Suidland gewerk het, het honde nou gewerk.
Buck vide alcuni cani provenienti dal Sud, ma la maggior parte erano husky simili a lupi.
Buck het 'n paar honde van die Suide gesien, maar die meeste was wolfagtige husky's.
Di notte, puntuali come un orologio, i cani alzavano la voce e cantavano.
Snags, soos klokslag, het die honde hul stemme in lied verhef.
Alle nove, a mezzanotte e di nuovo alle tre, il canto cominciò.
Om nege, om middernag, en weer om drie, het die sang begin.
Buck amava unirsi al loro canto inquietante, selvaggio e antico nel suono.
Buck het dit baie geniet om by hulle grillerige gesang aan te sluit, wild en oud in klank.
L'aurora fiammeggiava, le stelle danzavano e la neve ricopriva la terra.
Die aurora het gevlam, sterre het gedans, en sneeu het die land bedek.
Il canto dei cani si elevava come un grido contro il silenzio e il freddo pungente.
Die honde se lied het as 'n kreet teen stilte en bittere koue opgeklink.
Ma il loro urlo esprimeva tristezza, non sfida, in ogni lunga nota.
Maar hulle gehuil het hartseer, nie uitdaging nie, in elke lang noot bevat.
Ogni lamento era pieno di supplica: il peso stesso della vita.

Elke weeklag was vol smeekbede; die las van die lewe self.
Quella canzone era vecchia, più vecchia delle città e più vecchia degli incendi
Daardie liedjie was oud—ouer as dorpe, en ouer as vure
Quel canto era più antico perfino delle voci degli uomini.
Daardie lied was selfs ouer as die stemme van mense.
Era una canzone del mondo dei giovani, quando tutte le canzoni erano tristi.
Dit was 'n liedjie uit die jong wêreld, toe alle liedjies hartseer was.
La canzone porta con sé il dolore di innumerevoli generazioni di cani.
Die liedjie het hartseer van tallose geslagte honde gedra.
Buck percepì profondamente la melodia, gemendo per un dolore radicato nei secoli.
Buck het die melodie diep gevoel, gekreun van pyn wat in die eeue gewortel is.
Singhiozzava per un dolore antico quanto il sangue selvaggio nelle sue vene.
Hy het gehuil van 'n hartseer so oud soos die wilde bloed in sy are.
Il freddo, l'oscurità e il mistero toccarono l'anima di Buck.
Die koue, die donker en die misterie het Buck se siel geraak.
Quella canzone dimostrava quanto Buck fosse tornato alle sue origini.
Daardie liedjie het bewys hoe ver Buck na sy oorsprong teruggekeer het.
Tra la neve e gli ululati aveva trovato l'inizio della sua vita.
Deur sneeu en gehuil het hy die begin van sy eie lewe gevind.

Sette giorni dopo l'arrivo a Dawson, ripartirono.
Sewe dae nadat hulle in Dawson aangekom het, het hulle weer vertrek.
La squadra si è lanciata dalla caserma fino allo Yukon Trail.
Die span het van die Barakke af na die Yukon-roete geval.
Iniziarono il viaggio di ritorno verso Dyea e Salt Water.
Hulle het die reis terug na Dyea en Saltwater begin.

Perrault trasmise dispacci ancora più urgenti di prima.
Perrault het selfs dringender as voorheen berigte oorgedra.
Era anche preso dall'orgoglio per la corsa e puntava a stabilire un record.
Hy is ook deur roete-trots beetgepak en het daarop gemik om 'n rekord op te stel.
Questa volta Perrault aveva diversi vantaggi.
Hierdie keer was verskeie voordele aan Perrault se kant.
I cani avevano riposato per un'intera settimana e avevano ripreso le forze.
Die honde het vir 'n volle week gerus en hul krag herwin.
La pista che avevano tracciato era ora battuta da altri.
Die spoor wat hulle gebreek het, was nou deur ander hard gepak.
In alcuni punti la polizia aveva immagazzinato cibo sia per i cani che per gli uomini.
Op plekke het die polisie kos vir honde en mans gestoor.
Perrault viaggiava leggero, si muoveva velocemente e aveva poco a cui aggrapparsi.
Perrault het lig gereis, vinnig beweeg met min om hom af te weeg.
La prima sera raggiunsero la Sixty-Mile, una corsa lunga 50 miglia.
Hulle het Sixty-Mile, 'n hardloop van vyftig myl, teen die eerste nag bereik.
Il secondo giorno risalirono rapidamente lo Yukon in direzione di Pelly.
Op die tweede dag het hulle die Yukon-rivier opgevaar na Pelly.
Ma questi grandi progressi comportarono anche molta fatica per François.
Maar sulke goeie vordering het met baie stres vir François gepaard gegaan.
La ribellione silenziosa di Buck aveva infranto la disciplina della squadra.
Buck se stil rebellie het die span se dissipline verpletter.
Non si univano più come un'unica bestia al comando.

Hulle het nie meer soos een dier in die leisels saamgetrek nie.
Buck aveva spinto altri alla sfida con il suo coraggioso esempio.
Buck het ander deur sy dapper voorbeeld tot verset gelei.
L'ordine di Spitz non veniva più accolto con timore o rispetto.
Spitz se bevel is nie meer met vrees of respek begroet nie.
Gli altri persero ogni timore reverenziale nei suoi confronti e osarono opporsi al suo governo.
Die ander het hul ontsag vir hom verloor en het dit gewaag om sy heerskappy te weerstaan.
Una notte, Pike rubò mezzo pesce e lo mangiò sotto gli occhi di Buck.
Eendag het Pike 'n halwe vis gesteel en dit onder Buck se oog geëet.
Un'altra notte, Dub e Joe combatterono contro Spitz e rimasero impuniti.
Nog 'n aand het Dub en Joe teen Spitz geveg en ongestraf gebly.
Anche Billee gemette meno dolcemente e mostrò una nuova acutezza.
Selfs Billee het minder soet gekerm en nuwe skerpte getoon.
Buck ringhiava a Spitz ogni volta che si incrociavano.
Buck het elke keer vir Spitz gegrom as hulle paaie gekruis het.
L'atteggiamento di Buck divenne audace e minaccioso, quasi come quello di un bullo.
Buck se houding het vermetel en dreigend geword, amper soos 'n boelie.
Camminava avanti e indietro davanti a Spitz con un'andatura spavalda e piena di minaccia beffarda.
Hy het voor Spitz uit gestap met 'n bravade, vol spottende dreigement.
Questo crollo dell'ordine si diffuse anche tra i cani da slitta.
Daardie ineenstorting van orde het ook onder die sleehonde versprei.
Litigarono e discussero più che mai, riempiendo l'accampamento di rumore.

Hulle het meer as ooit tevore baklei en gestry, en die kamp met geraas gevul.
Ogni notte la vita nel campeggio si trasformava in un caos selvaggio e ululante.
Die kamplewe het elke nag in 'n wilde, huilende chaos verander.
Solo Dave e Solleks rimasero fermi e concentrati.
Net Dave en Solleks het standvastig en gefokus gebly.
Ma anche loro diventarono irascibili a causa delle continue risse.
Maar selfs hulle het kortaf geword van die voortdurende bakleiery.
François imprecò in lingue strane e batté i piedi per la frustrazione.
François het in vreemde tale gevloek en gefrustreerd getrap.
Si strappò i capelli e urlò mentre la neve gli volava sotto i piedi.
Hy het aan sy hare geruk en geskree terwyl sneeu onder sy voete gevlieg het.
La sua frusta schioccò contro il gruppo, ma a malapena riuscì a tenerli in riga.
Sy sweep het oor die trop geslaan, maar hulle skaars in lyn gehou.
Ogni volta che voltava le spalle, la lotta ricominciava.
Elke keer as hy die rug gedraai het, het die geveg weer uitgebreek.
François usò la frusta per Spitz, mentre Buck guidava i ribelli.
François het die sweep vir Spitz gebruik, terwyl Buck die rebelle gelei het.
Ognuno conosceva il ruolo dell'altro, ma Buck evitava di addossare ogni colpa.
Elkeen het die ander se rol geken, maar Buck het enige blaam vermy.
François non ha mai colto Buck mentre iniziava una rissa o si sottraeva al suo lavoro.

François het Buck nooit betrap terwyl hy 'n bakleiery begin of sy werk ontduik nie.
Buck lavorava duramente ai finimenti: la fatica ora gli dava entusiasmo.
Buck het hard in die harnas gewerk—die arbeid het nou sy gees opgewonde gemaak.
Ma trovava ancora più gioia nel fomentare risse e caos nell'accampamento.
Maar hy het selfs meer vreugde gevind in die aanwakkering van gevegte en chaos in die kamp.

Una sera, alla foce del Tahkeena, Dub spaventò un coniglio.
Een aand by die Tahkeena se bek het Dub 'n konyn laat skrik.
Mancò la presa e il coniglio con la racchetta da neve balzò via.
Hy het die vangs gemis, en die sneeuskoenkonyn het weggespring.
Nel giro di pochi secondi, l'intera squadra di slitte si lanciò all'inseguimento, gridando a squarciagola.
Binne sekondes het die hele sleespan met wilde geskreeu agternagesit.
Nelle vicinanze, un accampamento della polizia del nord-ovest ospitava cinquanta cani husky.
Nabygeleë het 'n Noordwes-polisiekamp vyftig huskyhonde gehuisves.
Si unirono alla caccia, scendendo insieme il fiume ghiacciato.
Hulle het by die jagtog aangesluit en saam die bevrore rivier afgestorm.
Il coniglio lasciò il fiume e fuggì lungo il letto ghiacciato di un ruscello.
Die konyn het van die rivier afgedraai en in 'n bevrore spruitbedding opgevlug.
Il coniglio saltellava leggero sulla neve mentre i cani si facevano strada a fatica.
Die haas het liggies oor die sneeu gespring terwyl die honde deurgesukkel het.

Buck guidava l'enorme branco di sessanta cani attorno a ogni curva tortuosa.
Buck het die massiewe trop van sestig honde om elke kronkelende draai gelei.
Si spinse in avanti, basso e impaziente, ma non riuscì a guadagnare terreno.
Hy het vorentoe gedruk, laag en gretig, maar kon nie grond wen nie.
Il suo corpo brillava sotto la pallida luna a ogni potente balzo.
Sy liggaam het met elke kragtige sprong onder die bleek maan geflits.
Davanti a loro, il coniglio si muoveva come un fantasma, silenzioso e troppo veloce per essere catturato.
Vooruit het die haas soos 'n spook beweeg, stil en te vinnig om te vang.
Tutti quei vecchi istinti, la fame, l'eccitazione, attraversarono Buck.
Al daardie ou instinkte—die honger, die opwinding—het deur Buck gejaag.
A volte gli esseri umani avvertono questo istinto e sono spinti a cacciare con armi da fuoco e proiettili.
Mense voel hierdie instink soms, gedryf om met geweer en koeël te jag.
Ma Buck provava questa sensazione a un livello più profondo e personale.
Maar Buck het hierdie gevoel op 'n dieper en meer persoonlike vlak gevoel.
Non riuscivano a percepire la natura selvaggia nel loro sangue come Buck.
Hulle kon nie die wildernis in hul bloed voel soos Buck dit kon voel nie.
Inseguiva la carne viva, pronto a uccidere con i denti e ad assaggiare il sangue.
Hy het lewende vleis gejaag, gereed om met sy tande dood te maak en bloed te proe.

Il suo corpo si tendeva per la gioia, desiderando immergersi nel caldo rosso della vita.
Sy liggaam het gespanne geword van vreugde, en wou in warm rooi lewe bad.
Una strana gioia segna il punto più alto che la vita possa mai raggiungere.
'n Vreemde vreugde merk die hoogste punt wat die lewe ooit kan bereik.
La sensazione di raggiungere un picco in cui i vivi dimenticano di essere vivi.
Die gevoel van 'n piek waar die lewendes vergeet dat hulle selfs leef.
Questa gioia profonda tocca l'artista immerso in un'ispirazione ardente.
Hierdie diepe vreugde raak die kunstenaar verlore in brandende inspirasie.
Questa gioia afferra il soldato che combatte selvaggiamente e non risparmia alcun nemico.
Hierdie vreugde gryp die soldaat aan wat wild veg en geen vyand spaar nie.
Questa gioia ora colpì Buck mentre guidava il branco in preda alla fame primordiale.
Hierdie vreugde het Buck nou geëis terwyl hy die trop in oerhonger gelei het.
Ululò con l'antico grido del lupo, emozionato per l'inseguimento.
Hy het gehuil met die oeroue wolfskreet, opgewonde deur die lewende jaagtog.
Buck fece appello alla parte più antica di sé, persa nella natura selvaggia.
Buck het die oudste deel van homself aangeraak, verlore in die wildernis.
Scavò in profondità dentro di sé, oltre la memoria, fino al tempo grezzo e antico.
Hy het diep binne hom, verby geheue, in rou, antieke tyd gereik.
Un'ondata di vita pura pervase ogni muscolo e tendine.

'n Golf van suiwer lewe het deur elke spier en pees gestroom.
Ogni salto gridava che viveva, che attraversava la morte.
Elke sprong het geskreeu dat hy geleef het, dat hy deur die dood beweeg het.
Il suo corpo si librava gioioso su una terra immobile e fredda che non si muoveva mai.
Sy liggaam het vreugdevol oor stil, koue land gesweef wat nooit geroer het nie.
Spitz rimase freddo e astuto anche nei suoi momenti più selvaggi.
Spitz het koud en listig gebly, selfs in sy wildste oomblikke.
Lasciò il sentiero e attraversò un terreno dove il torrente formava una curva ampia.
Hy het die roete verlaat en land oorgesteek waar die spruit wyd gebuig het.
Buck, ignaro di ciò, rimase sul sentiero tortuoso del coniglio.
Buck, onbewus hiervan, het op die konyn se kronkelende pad gebly.
Poi, mentre Buck svoltava dietro una curva, il coniglio spettrale si trovò davanti a lui.
Toe, toe Buck om 'n draai kom, was die spookagtige konyn voor hom.
Vide una seconda figura balzare dalla riva precedendo la preda.
Hy het 'n tweede figuur van die wal af sien spring voor die prooi uit.
La figura era Spitz, atterrato proprio sulla traiettoria del coniglio in fuga.
Die figuur was Spitz, wat reg in die pad van die vlugtende konyn beland het.
Il coniglio non riuscì a girarsi e incontrò le fauci di Spitz a mezz'aria.
Die konyn kon nie omdraai nie en het Spitz se kake in die lug teëgekom.
La spina dorsale del coniglio si spezzò con un grido acuto come il grido di un essere umano morente.

Die konyn se ruggraat het gebreek met 'n gil so skerp soos 'n sterwende mens se gehuil.

A quel suono, il passaggio dalla vita alla morte, il branco ululò forte.

By daardie geluid—die val van lewe na dood—het die trop hard gehuil.

Un coro selvaggio si levò da dietro Buck, pieno di oscura gioia.

'n Wrede koor het agter Buck opgestaan, vol donker vreugde.

Buck non emise alcun grido, nessun suono e si lanciò dritto verso Spitz.

Buck het geen gehuil, geen geluid gemaak nie, en reguit op Spitz ingestorm.

Mirò alla gola, ma colpì invece la spalla.

Hy het na die keel gemik, maar eerder die skouer getref.

Caddero nella neve soffice, i loro corpi erano intrappolati in un combattimento.

Hulle het deur sagte sneeu getuimel; hul liggame in geveg vasgevang.

Spitz balzò in piedi rapidamente, come se non fosse mai stato atterrato.

Spitz het vinnig opgespring, asof hy glad nie neergeslaan is nie.

Colpì Buck alla spalla e poi balzò fuori dalla mischia.

Hy het Buck se skouer gesny en toe uit die geveg gespring.

Per due volte i suoi denti schioccarono come trappole d'acciaio, e le sue labbra si arricciarono e si fecero feroci.

Twee keer het sy tande soos staalvalle geknak, lippe gekrul en fel.

Arretrò lentamente, cercando un terreno solido sotto i piedi.

Hy het stadig teruggedeins, op soek na vaste grond onder sy voete.

Buck comprese il momento all'istante e pienamente.

Buck het die oomblik onmiddellik en ten volle verstaan.

Il momento era giunto: la lotta sarebbe stata una lotta all'ultimo sangue.

Die tyd het aangebreek; die geveg sou 'n geveg tot die dood wees.

I due cani giravano in cerchio, ringhiando, con le orecchie piatte e gli occhi socchiusi.

Die twee honde het in 'n sirkel geloop, gegrom, ore plat, oë vernou.

Ogni cane aspettava che l'altro mostrasse debolezza o facesse un passo falso.

Elke hond het gewag vir die ander om swakheid of misstap te toon.

Buck percepiva quella scena come stranamente nota e profondamente ricordata.

Vir Buck het die toneel vreemd bekend en diep onthou gevoel.

I boschi bianchi, la terra fredda, la battaglia al chiaro di luna.

Die wit woude, die koue aarde, die geveg onder maanlig.

Un silenzio pesante, profondo e innaturale riempiva la terra.

'n Swaar stilte het die land gevul, diep en onnatuurlik.

Nessun vento si alzava, nessuna foglia si muoveva, nessun suono rompeva il silenzio.

Geen wind het geroer, geen blaar het beweeg, geen geluid het die stilte verbreek nie.

Il respiro dei cani si levava come fumo nell'aria gelida e silenziosa.

Die honde se asems het soos rook in die bevrore, stil lug opgestyg.

Il coniglio era stato dimenticato da tempo dal branco di animali selvatici.

Die konyn is lankal deur die trop wilde diere vergeet.

Questi lupi semiaddomesticati ora stavano fermi in un ampio cerchio.

Hierdie halfgetemde wolwe het nou stilgestaan in 'n wye sirkel.

Erano silenziosi, solo i loro occhi luminosi rivelavano la loro fame.

Hulle was stil, net hul gloeiende oë het hul honger verklap.

Il loro respiro saliva, mentre osservavano l'inizio dello scontro finale.

Hul asem het opwaarts gedryf, terwyl hulle die laaste geveg sien begin.

Per Buck questa battaglia era vecchia e attesa, per niente strana.
Vir Buck was hierdie geveg oud en verwag, glad nie vreemd nie.

Era come il ricordo di qualcosa che doveva accadere da sempre.
Dit het gevoel soos 'n herinnering aan iets wat altyd bestem was om te gebeur.

Spitz era un cane da combattimento addestrato, affinato da innumerevoli risse selvagge.
Spitz was 'n opgeleide veghond, geslyp deur tallose wilde bakleiery.

Dallo Spitzbergen al Canada, aveva sconfitto molti nemici.
Van Spitsbergen tot Kanada het hy baie vyande bemeester.

Era pieno di rabbia, ma non cedette mai il controllo alla rabbia.
Hy was vol woede, maar het nooit beheer oor sy woede gegee nie.

La sua passione era acuta, ma sempre temperata dal duro istinto.
Sy passie was skerp, maar altyd getemper deur harde instink.

Non ha mai attaccato finché non ha avuto la sua difesa pronta.
Hy het nooit aangeval totdat sy eie verdediging in plek was nie.

Buck provò più volte a raggiungere il collo vulnerabile di Spitz.
Buck het oor en oor probeer om Spitz se kwesbare nek te bereik.

Ma ogni colpo veniva accolto da un fendente dei denti affilati di Spitz.
Maar elke hou is begroet met 'n hou van Spitz se skerp tande.

Le loro zanne si scontrarono ed entrambi i cani sanguinarono dalle labbra lacerate.

Hul slagtande het gebots, en albei honde het uit geskeurde lippe gebloei.

Nonostante i suoi sforzi, Buck non riusciva a rompere la difesa.

Maak nie saak hoe Buck gelung het nie, hy kon nie die verdediging breek nie.

Divenne sempre più furioso e si lanciò verso di lui con violente esplosioni di potenza.

Hy het al woedender geword en met wilde magsuitbarstings ingestorm.

Buck colpì ripetutamente la bianca gola di Spitz.

Keer op keer het Buck vir Spitz se wit keel geslaan.

Ogni volta Spitz schivava e contrattaccava con un morso tagliente.

Elke keer het Spitz ontwyk en met 'n snydende byt teruggeslaan.

Poi Buck cambiò tattica, avventandosi di nuovo come se volesse colpirlo alla gola.

Toe verander Buck van taktiek en storm weer asof hy vir die keel wil mik.

Ma a metà attacco si è ritirato, girandosi per colpire di lato.

Maar hy het midde-aanval teruggetrek en van die kant af geslaan.

Colpì Spitz con una spallata, con l'intento di buttarlo a terra.

Hy het sy skouer in Spitz gegooi, met die doel om hom neer te gooi.

Ogni volta che ci provava, Spitz lo schivava e rispondeva con un fendente.

Elke keer as hy probeer het, het Spitz ontwyk en met 'n hou teruggekeer.

La spalla di Buck si faceva scorticare mentre Spitz si liberava dopo ogni colpo.

Buck se skouer het rou geword toe Spitz ná elke hou wegspring.

Spitz non era stato toccato, mentre Buck sanguinava dalle numerose ferite.

Spitz is nie aangeraak nie, terwyl Buck uit baie wonde gebloei het.
Il respiro di Buck era affannoso e pesante, il suo corpo era viscido di sangue.
Buck se asemhaling het vinnig en swaar gekom, sy liggaam glad van die bloed.
La lotta diventava più brutale a ogni morso e carica.
Die geveg het met elke byt en aanval meer brutaal geword.
Attorno a loro, sessanta cani silenziosi aspettavano che il primo cadesse.
Rondom hulle het sestig stil honde gewag vir die eerstes om te val.
Se un cane fosse caduto, il branco avrebbe posto fine alla lotta.
As een hond sou val, sou die trop die geveg voltooi.
Spitz vide Buck indebolirsi e cominciò ad attaccare.
Spitz het gesien hoe Buck verswak en het die aanval begin afdwing.
Mantenne Buck sbilanciato, costringendolo a lottare per restare in piedi.
Hy het Buck van balans af gehou, wat hom gedwing het om vir balans te veg.
Una volta Buck inciampò e cadde, e tutti i cani si rialzarono.
Eenkeer het Buck gestruikel en geval, en al die honde het opgestaan.
Ma Buck si raddrizzò a metà caduta e tutti ricaddero.
Maar Buck het homself midde-in die val regop gemaak, en almal het weer ineengesak.
Buck aveva qualcosa di raro: un'immaginazione nata da un profondo istinto.
Buck het iets skaars gehad — verbeelding gebore uit diep instink.
Combatté per istinto naturale, ma combatté anche con astuzia.
Hy het met natuurlike dryfkrag geveg, maar hy het ook met listigheid geveg.

Tornò ad attaccare come se volesse ripetere il trucco dell'attacco alla spalla.
Hy het weer aangeval asof hy sy skoueraanval-truuk herhaal het.

Ma all'ultimo secondo si abbassò e passò sotto Spitz.
Maar op die laaste oomblik het hy laag geval en onder Spitz deurgevee.

I suoi denti si bloccarono sulla zampa anteriore sinistra di Spitz con uno schiocco.
Sy tande het met 'n klap aan Spitz se voorste linkerbeen vasgehaak.

Spitz ora era instabile e il suo peso gravava solo su tre zampe.
Spitz het nou onvas gestaan, sy gewig op slegs drie bene.

Buck colpì di nuovo e tentò tre volte di atterrarlo.
Buck het weer toegeslaan en drie keer probeer om hom neer te bring.

Al quarto tentativo ha usato la stessa mossa con successo
Met die vierde poging het hy dieselfde beweging met sukses gebruik.

Questa volta Buck riuscì a mordere la zampa destra di Spitz.
Hierdie keer het Buck daarin geslaag om Spitz se regterbeen te byt.

Spitz, benché storpio e in agonia, continuò a lottare per sopravvivere.
Spitz, hoewel kreupel en in pyn, het aangehou sukkel om te oorleef.

Vide il cerchio degli husky stringersi, con le lingue fuori e gli occhi luminosi.
Hy het gesien hoe die kring van husky's saamtrek, tonge uit, oë gloei.

Aspettarono di divorarlo, proprio come avevano fatto con gli altri.
Hulle het gewag om hom te verslind, net soos hulle met ander gedoen het.

Questa volta era lui al centro, sconfitto e condannato.

Hierdie keer het hy in die middel gestaan; verslaan en verdoem.

Ormai il cane bianco non aveva più alcuna possibilità di fuga.

Daar was nou geen ander manier om te ontsnap vir die wit hond nie.

Buck non mostrò alcuna pietà, perché la pietà non era a posto nella natura selvaggia.

Buck het geen genade betoon nie, want genade het nie in die wildernis hoort nie.

Buck si mosse con cautela, preparandosi per la carica finale.

Buck het versigtig beweeg en gereed gemaak vir die laaste aanval.

Il cerchio degli husky si stringeva; lui sentiva i loro respiri caldi.

Die kring van husky's het toegemaak; hy het hul warm asemhalings gevoel.

Si accovacciarono, pronti a scattare quando fosse giunto il momento.

Hulle het laag gehurk, gereed om te spring wanneer die oomblik aanbreek.

Spitz tremava nella neve, ringhiando e cambiando posizione.

Spitz het in die sneeu gebewe, gegrom en sy posisie verskuif.

I suoi occhi brillavano, le labbra si arricciavano, i denti brillavano in un'espressione disperata e minacciosa.

Sy oë het gegloei, lippe opgetrek, tande het geflikker in desperate dreiging.

Barcollò, cercando ancora di resistere al freddo morso della morte.

Hy het gestruikel, steeds probeer om die koue byt van die dood af te weer.

Aveva già visto situazioni simili, ma sempre dalla parte dei vincitori.

Hy het dit al voorheen gesien, maar altyd van die wenkant af.

Ora era dalla parte perdente; lo sconfitto; la preda; la morte.

Nou was hy aan die verloorkant; die verslane; die prooi; die dood.

Buck si preparò al colpo finale, mentre il cerchio dei cani si faceva sempre più stretto.

Buck het in 'n sirkel gedraai vir die finale hou, die kring honde het nader gedruk.

Poteva sentire i loro respiri caldi; erano pronti a uccidere.

Hy kon hulle warm asemteue voel; gereed vir die doodmaak.

Calò il silenzio; tutto era al suo posto; il tempo si era fermato.

'n Stilte het neergesak; alles was op sy plek; tyd het stilgestaan.

Persino l'aria fredda tra loro si congelò per un ultimo istante.

Selfs die koue lug tussen hulle het vir 'n laaste oomblik gevries.

Soltanto Spitz si mosse, cercando di trattenere la sua fine amara.

Net Spitz het beweeg en probeer om sy bitter einde af te weer.

Il cerchio dei cani si stava stringendo attorno a lui, come era suo destino.

Die kring van honde het om hom gesluit, soos sy bestemming was.

Ora era disperato, sapendo cosa stava per accadere.

Hy was nou desperaat, wetende wat op die punt staan om te gebeur.

Buck balzò dentro e la sua spalla incontrò la sua spalla per l'ultima volta.

Buck spring ingespring, skouer teen skouer vir die laaste keer.

I cani si lanciarono in avanti, nascondendo Spitz nell'oscurità della neve.

Die honde het vorentoe gestorm en Spitz in die sneeudonker bedek.

Buck osservava, eretto e fiero; il vincitore in un mondo selvaggio.

Buck het gekyk, regop staande; die oorwinnaar in 'n barbaarse wêreld.

La bestia primordiale dominante aveva fatto la sua uccisione, e la aveva fatta bene.

Die dominante oerdier het sy slagting gemaak, en dit was goed.

Colui che ha conquistato la maestria
Hy, wat Meesterskap gewen het

"Eh? Cosa ho detto? Dico la verità quando dico che Buck è un diavolo."
"Eh? Wat het ek gesê? Ek praat die waarheid as ek sê Buck is 'n duiwel."
François raccontò questo la mattina dopo aver scoperto la scomparsa di Spitz.
François het dit die volgende oggend gesê nadat hy Spitz as vermis gevind het.
Buck rimase lì, coperto di ferite causate dal violento combattimento.
Buck het daar gestaan, bedek met wonde van die wrede geveg.
François tirò Buck vicino al fuoco e indicò le ferite.
François het Buck naby die vuur getrek en na die beserings gewys.
«Quello Spitz ha combattuto come il Devik», disse Perrault, osservando i profondi tagli.
"Daardie Spitz het soos die Devik geveg," het Perrault gesê terwyl hy die diep snye dopgehou het.
«E quel Buck si batteva come due diavoli», rispose subito François.
"En daardie Buck het soos twee duiwels geveg," het François dadelik geantwoord.
"Ora faremo buon passo; niente più Spitz, niente più guai."
"Nou sal ons goeie tyd maak; geen Spitz meer nie, geen moeilikheid meer nie."
Perrault stava preparando l'attrezzatura e caricò la slitta con cura.

Perrault was besig om die toerusting te pak en die slee met sorg te laai.

François bardò i cani per prepararli alla corsa della giornata.
François het die honde ingespan ter voorbereiding vir die dag se hardloop.

Buck trotterellò dritto verso la posizione di testa, precedentemente occupata da Spitz.
Buck draf reguit na die voorste posisie wat eens deur Spitz gehou is.

Ma François, senza accorgersene, condusse Solleks in prima linea.
Maar François, wat dit nie opgemerk het nie, het Solleks vorentoe na die front gelei.

Secondo François, Solleks era ora il miglior cane da corsa.
Volgens François se oordeel was Solleks nou die beste leidhond.

Buck si scagliò furioso contro Solleks e lo respinse indietro in segno di protesta.
Buck het woedend op Solleks gespring en hom uit protes teruggedryf.

Si fermò dove un tempo si era fermato Spitz, rivendicando la posizione di comando.
Hy het gestaan waar Spitz eens gestaan het en die voorste posisie opgeëis.

"Eh? Eh?" esclamò François, dandosi una pacca sulle cosce divertito.
"Eh? Eh?" roep François uit en klap sy dye geamuseerd.

"Guarda Buck: ha ucciso Spitz, ora vuole prendersi il posto!"
"Kyk na Buck—hy het Spitz doodgemaak, nou wil hy die werk vat!"

"Vattene via, Chook!" urlò, cercando di scacciare Buck.
"Gaan weg, Chook!" het hy geskree en probeer om Buck weg te jaag.

Ma Buck si rifiutò di muoversi e rimase immobile nella neve.
Maar Buck het geweier om te beweeg en het ferm in die sneeu gestaan.

François afferrò Buck per la collottola e lo trascinò da parte.
François het Buck aan die nek gegryp en hom eenkant toe gesleep.

Buck ringhiò basso e minaccioso, ma non attaccò.
Buck het laag en dreigend gegrom, maar nie aangeval nie.

François rimette Solleks in testa, cercando di risolvere la disputa
François het Solleks weer in die voortou geplaas en probeer om die dispuut te besleg.

Il vecchio cane mostrò paura di Buck e non voleva restare.
Die ou hond het vrees vir Buck getoon en wou nie bly nie.

Quando François gli voltò le spalle, Buck scacciò di nuovo Solleks.
Toe François sy rug draai, het Buck Solleks weer uitgedryf.

Solleks non oppose resistenza e si fece di nuovo da parte in silenzio.
Solleks het nie weerstand gebied nie en het weer stilweg opsy getree.

François si arrabbiò e urlò: "Per Dio, ti sistemo!"
François het kwaad geword en geskree: "By God, ek maak jou reg!"

Si avvicinò a Buck tenendo in mano una pesante mazza.
Hy het na Buck toe gekom met 'n swaar knuppel in sy hand.

Buck ricordava bene l'uomo con il maglione rosso.
Buck het die man in die rooi trui goed onthou.

Si ritirò lentamente, osservando François ma ringhiando profondamente.
Hy het stadig teruggetrek, François dopgehou, maar diep gegrom.

Non si affrettò a tornare indietro, nemmeno quando Solleks si mise al suo posto.
Hy het nie teruggehaas nie, selfs toe Solleks in sy plek gestaan het.

Buck si girò in cerchio, appena fuori dalla sua portata, ringhiando furioso e protestando.
Buck het net buite bereik sirkelgeloop, woedend en protesagtig.

Teneva gli occhi fissi sulla mazza, pronto a schivare il colpo se François l'avesse lanciata.
Hy het sy oë op die knuppel gehou, gereed om te ontwyk as François gooi.

Era diventato saggio e cauto nei confronti degli uomini che maneggiavano le armi.
Hy het wys en versigtig geword in die weë van manne met wapens.

François si arrese e chiamò di nuovo Buck al suo vecchio posto.
François het moed opgegee en Buck weer na sy vorige plek geroep.

Ma Buck fece un passo indietro con cautela, rifiutandosi di obbedire all'ordine.
Maar Buck het versigtig teruggetree en geweier om die bevel te gehoorsaam.

François lo seguì, ma Buck indietreggiò solo di pochi passi.
François het gevolg, maar Buck het net 'n paar treë verder teruggedeins.

Dopo un po' François gettò a terra l'arma, frustrato.
Na 'n rukkie het François die wapen in frustrasie neergegooi.

Pensava che Buck avesse paura di essere picchiato e che avrebbe fatto lo stesso senza far rumore.
Hy het gedink Buck was bang vir 'n pak slae en sou stilletjies kom.

Ma Buck non stava evitando la punizione: stava lottando per ottenere un rango.
Maar Buck het nie straf vermy nie—hy het vir rang geveg.

Si era guadagnato il posto di capobranco combattendo fino alla morte
Hy het die leierhondposisie verdien deur 'n geveg tot die dood toe

non si sarebbe accontentato di niente di meno che di essere il leader.
Hy sou nie met enigiets minder as om die leier te wees, tevrede wees nie.

Perrault si unì all'inseguimento per aiutare a catturare il ribelle Buck.
Perrault het 'n hand in die jaagtog geneem om die opstandige Buck te help vang.
Insieme lo portarono in giro per l'accampamento per quasi un'ora.
Saam het hulle hom vir amper 'n uur om die kamp gehardloop.
Gli scagliarono contro dei bastoni, ma Buck li schivò abilmente uno per uno.
Hulle het knuppels na hom gegooi, maar Buck het elkeen vaardig ontwyk.
Maledissero lui, i suoi antenati, i suoi discendenti e ogni suo capello.
Hulle het hom, sy voorouers, sy nageslag en elke haar op hom vervloek.
Ma Buck si limitò a ringhiare e a restare appena fuori dalla loro portata.
Maar Buck het net teruggegrom en net buite hulle bereik gebly.
Non cercò mai di scappare, ma continuò a girare intorno all'accampamento deliberatamente.
Hy het nooit probeer wegvlug nie, maar het doelbewus om die kamp gegaan.
Disse chiaramente che avrebbe obbedito una volta ottenuto ciò che voleva.
Hy het dit duidelik gemaak dat hy sou gehoorsaam sodra hulle hom gegee het wat hy wou hê.
Alla fine François si sedette e si grattò la testa, frustrato.
François het uiteindelik gaan sit en gefrustreerd aan sy kop gekrap.
Perrault controllò l'orologio, imprecò e borbottò qualcosa sul tempo perso.
Perrault het op sy horlosie gekyk, gevloek en gemompel oor verlore tyd.
Era già trascorsa un'ora, mentre avrebbero dovuto essere sulle tracce.

'n Uur het reeds verbygegaan toe hulle op die roete moes gewees het.

François alzò le spalle timidamente, guardando il corriere, che sospirò sconfitto.

François het skaam sy skouers opgetrek vir die koerier, wat verslae gesug het.

Poi François si avvicinò a Solleks e chiamò ancora una volta Buck.

Toe stap François na Solleks en roep weer eens na Buck.

Buck rise come ride un cane, ma mantenne una cauta distanza.

Buck het gelag soos 'n hond lag, maar sy versigtige afstand gehou.

François tolse l'imbracatura a Solleks e lo rimise al suo posto.

François het Solleks se harnas verwyder en hom terug op sy plek gebring.

La squadra di slittini era completamente imbracata, con un solo posto libero.

Die sleespan het ten volle ingespan gestaan, met slegs een plek oop.

La posizione di comando rimase vuota, chiaramente riservata solo a Buck.

Die voorste posisie het leeg gebly, duidelik bedoel vir Buck alleen.

François chiamò di nuovo e di nuovo Buck rise e mantenne la sua posizione.

François het weer geroep, en weer het Buck gelag en sy manne gehou.

«Gettate giù la mazza», ordinò Perrault senza esitazione.

"Gooi die knuppel neer," het Perrault sonder aarseling beveel.

François obbedì e Buck si lanciò subito avanti con orgoglio.

François het gehoorsaam, en Buck het dadelik trots vorentoe gedraf.

Rise trionfante e assunse la posizione di comando.

Hy het triomfantlik gelag en in die voorste posisie ingetree.

François fissò le corde e la slitta si staccò.

François het sy spore verseker, en die slee is losgebreek.
Entrambi gli uomini corsero fianco a fianco mentre la squadra si lanciava lungo il sentiero del fiume.
Albei mans het langs die span gehardloop terwyl hulle op die rivierpaadjie gejaag het.
François aveva avuto una grande stima dei "due diavoli" di Buck,
François het Buck se "twee duiwels" hoog aangeslaan.
ma ben presto si rese conto di aver in realtà sottovalutato il cane.
maar hy het gou besef dat hy die hond eintlik onderskat het.
Buck assunse rapidamente la leadership e si comportò in modo eccellente.
Buck het vinnig leierskap oorgeneem en met uitnemendheid presteer.
Buck superò Spitz per capacità di giudizio, rapidità di pensiero e rapidità di azione.
In oordeel, vinnige denke en vinnige optrede het Buck Spitz oortref.
François non aveva mai visto un cane pari a quello che Buck mostrava ora.
François het nog nooit 'n hond gesien wat gelykstaande was aan wat Buck nou vertoon het nie.
Ma Buck eccelleva davvero nel far rispettare l'ordine e nel imporre rispetto.
Maar Buck het werklik uitgeblink in die handhawing van orde en die afdwing van respek.
Dave e Solleks accettarono il cambiamento senza preoccupazioni o proteste.
Dave en Solleks het die verandering sonder kommer of protes aanvaar.
Si concentravano solo sul lavoro e tiravano forte le redini.
Hulle het net op werk gefokus en hard in die leisels trek.
A loro importava poco chi guidasse, purché la slitta continuasse a muoversi.
Hulle het min omgegee wie lei, solank die slee aanhou beweeg het.

Billee, quella allegra, avrebbe potuto comandare per quel che volevano.
Billee, die vrolike een, kon gelei het vir alles wat hulle omgegee het.
Ciò che contava per loro era la pace e l'ordine tra i ranghi.
Wat vir hulle saak gemaak het, was vrede en orde in die geledere.

Il resto della squadra era diventato indisciplinato durante il declino di Spitz.
Die res van die span het onordelik geword tydens Spitz se agteruitgang.
Rimasero scioccati quando Buck li riportò immediatamente all'ordine.
Hulle was geskok toe Buck hulle dadelik tot orde gebring het.
Pike era sempre stato pigro e aveva sempre tergiversato dietro a Buck.
Pike was nog altyd lui en het agter Buck gesleep.
Ma ora è stato severamente disciplinato dalla nuova leadership.
Maar nou is hy skerp gedissiplineer deur die nuwe leierskap.
E imparò rapidamente a dare il suo contributo alla squadra.
En hy het vinnig geleer om sy gewig in die span te trek.
Alla fine della giornata, Pike lavorò più duramente che mai.
Teen die einde van die dag het Pike harder as ooit tevore gewerk.
Quella notte all'accampamento, Joe, il cane scontroso, fu finalmente domato.
Daardie nag in die kamp is Joe, die suur hond, uiteindelik onderdruk.
Spitz non era riuscito a disciplinarlo, ma Buck non aveva fallito.
Spitz het versuim om hom te dissiplineer, maar Buck het nie gefaal nie.
Sfruttando il suo peso maggiore, Buck sopraffece Joe in pochi secondi.

Deur sy groter gewig te gebruik, het Buck Joe binne sekondes oorweldig.

Morse e picchiò Joe finché questi non si mise a piagnucolare e smise di opporre resistenza.

Hy het Joe gebyt en geslaan totdat hy gekerm het en opgehou het om weerstand te bied.

Da quel momento in poi l'intera squadra migliorò.

Die hele span het van daardie oomblik af verbeter.

I cani ritrovarono la loro antica unità e disciplina.

Die honde het hul ou eenheid en dissipline herwin.

A Rink Rapids si sono uniti al gruppo due nuovi husky autoctoni, Teek e Koona.

By Rink Rapids het twee nuwe inheemse huskies, Teek en Koona, aangesluit.

La rapidità con cui Buck li addestramento stupì perfino François.

Buck se vinnige opleiding van hulle het selfs François verbaas.

"Non è mai esistito un cane come quel Buck!" esclamò stupito.

"Nog nooit was daar so 'n hond soos daardie Bok nie!" het hy verbaas uitgeroep.

"No, mai! Vale mille dollari, per Dio!"

"Nee, nooit! Hy is duisend dollar werd, by God!"

"Eh? Che ne dici, Perrault?" chiese con orgoglio.

"Eh? Wat sê jy, Perrault?" het hy met trots gevra.

Perrault annuì in segno di assenso e controllò i suoi appunti.

Perrault het instemmend geknik en sy notas nagegaan.

Siamo già in anticipo sui tempi e guadagniamo sempre di più ogni giorno.

Ons is reeds voor op skedule en kry elke dag meer.

Il sentiero era compatto e liscio, senza neve fresca.

Die roete was styf en glad, sonder vars sneeu.

Il freddo era costante, con temperature che si aggiravano sempre sui cinquanta gradi sotto zero.

Die koue was bestendig en het deurgaans op vyftig onder vriespunt gehang.

Per scaldarsi e guadagnare tempo, gli uomini si alternavano a cavallo e a correre.
Die mans het beurtelings gery en gehardloop om warm te bly en tyd te maak.
I cani correvano veloci, fermandosi di rado, spingendosi sempre in avanti.
Die honde het vinnig gehardloop met min stoppe, altyd vorentoe gestoot.
Il fiume Thirty Mile era per la maggior parte ghiacciato e facile da attraversare.
Die Dertig Myl-rivier was meestal gevries en maklik om oor te reis.
In un giorno realizzarono ciò che per arrivare aveva impiegato dieci giorni.
Hulle het in een dag uitgegaan wat tien dae geneem het om in te kom.
Percorsero circa 96 chilometri dal lago Le Barge a White Horse.
Hulle het 'n sestig myl lange draf van Lake Le Barge na White Horse gemaak.
Si muovevano a velocità incredibile attraverso i laghi Marsh, Tagish e Bennett.
Oor Marsh-, Tagish- en Bennett-mere het hulle ongelooflik vinnig beweeg.
L'uomo che correva veniva trainato dietro la slitta con una corda.
Die hardloopman het agter die slee aan 'n tou gesleep.
L'ultima notte della seconda settimana giunsero a destinazione.
Op die laaste aand van week twee het hulle by hul bestemming aangekom.
Insieme avevano raggiunto la cima del White Pass.
Hulle het saam die bopunt van White Pass bereik.
Scesero fino al livello del mare, con le luci dello Skaguay sotto di loro.
Hulle het tot seevlak gedaal met Skaguay se ligte onder hulle.

Era stata una corsa da record attraverso chilometri di fredda natura selvaggia.
Dit was 'n rekordbrekende lopie oor kilometers koue wildernis.
Per quattordici giorni di fila percorsero in media circa quaranta miglia.
Vir veertien dae aaneen het hulle gemiddeld 'n stewige veertig myl afgelê.
A Skaguay, Perrault e François trasportavano merci attraverso la città.
In Skaguay het Perrault en François vrag deur die dorp vervoer.
Furono applauditi e ricevettero numerose bevande dalla folla ammirata.
Hulle is deur bewonderende skares toegejuig en baie drankies aangebied.
I cacciatori di cani e gli operai si sono riuniti attorno alla famosa squadra cinofila.
Hondejaers en werkers het rondom die bekende hondespan vergader.
Poi i fuorilegge del West giunsero in città e subirono una violenta sconfitta.
Toe het westerse bandiete na die dorp gekom en 'n gewelddadige nederlaag gely.
La gente si dimenticò presto della squadra e si concentrò sul nuovo dramma.
Die mense het gou die span vergeet en op nuwe drama gefokus.
Poi arrivarono i nuovi ordini che cambiarono tutto in un colpo.
Toe kom die nuwe bevele wat alles gelyktydig verander het.
François chiamò Buck e lo abbracciò con orgoglio e lacrime.
François het Buck na hom geroep en hom met tranerige trots omhels.
Quel momento fu l'ultima volta che Buck vide di nuovo François.

Daardie oomblik was die laaste keer dat Buck François ooit weer gesien het.

Come molti altri uomini prima di lui, sia François che Perrault se n'erano andati.

Soos baie mans tevore, was beide François en Perrault weg.

Un meticcio scozzese si prese cura di Buck e dei suoi compagni di squadra con i cani da slitta.

'n Skotse halfbloed het Buck en sy sleehondspanmaats in beheer geneem.

Con una dozzina di altre mute di cani, ritornarono lungo il sentiero fino a Dawson.

Saam met 'n dosyn ander hondespanne het hulle langs die roete na Dawson teruggekeer.

Non si trattava più di una corsa veloce, ma solo di un duro lavoro con un carico pesante ogni giorno.

Dit was nou geen vinnige lopie nie — net swaar werk met 'n swaar vrag elke dag.

Si trattava del treno postale che portava notizie ai cercatori d'oro vicino al Polo.

Dit was die postrein wat nuus gebring het aan goudjagters naby die Pool.

Buck non amava il lavoro, ma lo sopportò bene, essendo orgoglioso del suo impegno.

Buck het die werk nie gehou nie, maar het dit goed verduur en was trots op sy poging.

Come Dave e Solleks, Buck dimostrava dedizione in ogni compito quotidiano.

Soos Dave en Solleks, het Buck toewyding aan elke daaglikse taak getoon.

Si è assicurato che tutti i suoi compagni di squadra dessero il massimo.

Hy het seker gemaak dat sy spanmaats elkeen hul billike gewig bygedra het.

La vita sui sentieri divenne noiosa e si ripeteva con la precisione di una macchina.

Die roetelewe het dof geword, herhaal met die presisie van 'n masjien.

Ogni giorno era uguale, una mattina si fondeva con quella successiva.
Elke dag het dieselfde gevoel, die een oggend het in die volgende oorgegaan.
Alla stessa ora, i cuochi si alzarono per accendere il fuoco e preparare il cibo.
Op dieselfde uur het die kokke opgestaan om vure te maak en kos voor te berei.
Dopo colazione alcuni lasciarono l'accampamento mentre altri attaccarono i cani.
Na ontbyt het sommige die kamp verlaat terwyl ander die honde ingespan het.
Raggiunsero il sentiero prima che il pallido segnale dell'alba sfiorasse il cielo.
Hulle het die roete aangepak voordat die dowwe waarskuwing van die dagbreek die lug geraak het.
Di notte si fermavano per accamparsi, e a ogni uomo veniva assegnato un compito.
In die nag het hulle gestop om kamp op te slaan, elke man met 'n vasgestelde plig.
Alcuni montarono le tende, altri tagliarono la legna da ardere e raccolsero rami di pino.
Party het die tente opgeslaan, ander het brandhout gekap en dennetakke bymekaargemaak.
Acqua o ghiaccio venivano portati ai cuochi per la cena serale.
Water of ys is teruggedra na die kokke vir die aandete.
I cani vennero nutriti e per loro quello fu il momento migliore della giornata.
Die honde is gevoer, en dit was die beste deel van die dag vir hulle.
Dopo aver mangiato il pesce, i cani si rilassarono e oziarono vicino al fuoco.
Nadat hulle vis geëet het, het die honde ontspan en naby die vuur gelê.
Nel convoglio c'erano un centinaio di altri cani con cui socializzare.

Daar was 'n honderd ander honde in die konvooi om mee te meng.

Molti di quei cani erano feroci e pronti a combattere senza preavviso.

Baie van daardie honde was fel en vinnig om sonder waarskuwing te baklei.

Ma dopo tre vittorie, Buck riuscì a domare anche i combattenti più feroci.

Maar ná drie oorwinnings het Buck selfs die felste vegters bemeester.

Ora, quando Buck ringhiò e mostrò i denti, loro si fecero da parte.

Nou toe Buck grom en sy tande wys, het hulle opsy gestap.

Forse la cosa più bella di tutte era che a Buck piaceva sdraiarsi vicino al fuoco tremolante.

Miskien die beste van alles was dat Buck daarvan gehou het om naby die flikkerende kampvuur te lê.

Si accovacciò, con le zampe posteriori ripiegate e quelle anteriori distese in avanti.

Hy het gehurk met agterpote ingetrek en voorpote vorentoe gestrek.

Teneva la testa sollevata e sbatteva dolcemente le palpebre verso le fiamme ardenti.

Sy kop was opgelig terwyl hy saggies na die gloeiende vlamme geknipper het.

A volte ricordava la grande casa del giudice Miller a Santa Clara.

Soms het hy Regter Miller se groot huis in Santa Clara onthou.

Pensò alla piscina di cemento, a Ysabel e al carlino di nome Toots.

Hy het aan die sementpoel gedink, aan Ysabel, en die mopshond met die naam Toots.

Ma più spesso si ricordava del bastone dell'uomo con il maglione rosso.

Maar meer dikwels het hy die man met die rooi trui se knuppel onthou.

Ricordava la morte di Curly e la sua feroce battaglia con Spitz.
Hy het Curly se dood en sy hewige stryd met Spitz onthou.
Ricordava anche il buon cibo che aveva mangiato o che ancora sognava.
Hy het ook die goeie kos onthou wat hy geëet het of nog van gedroom het.
Buck non aveva nostalgia di casa: la valle calda era lontana e irreale.
Buck het nie heimwee gehad nie—die warm vallei was ver en onwerklik.
I ricordi della California non avevano più alcun fascino su di lui.
Herinneringe aan Kalifornië het hom nie meer werklik aangetrek nie.
Più forti della memoria erano gli istinti radicati nella sua stirpe.
Sterker as geheue was instinkte diep in sy bloedlyn.
Le abitudini un tempo perdute erano tornate, ravvivate dal sentiero e dalla natura selvaggia.
Gewoontes wat eens verlore was, het teruggekeer, herleef deur die roete en die wildernis.
Mentre Buck osservava la luce del fuoco, a volte questa diventava qualcos'altro.
Terwyl Buck na die vuurlig gekyk het, het dit soms iets anders geword.
Vide alla luce del fuoco un altro fuoco, più vecchio e più profondo di quello attuale.
Hy het in die vuurlig 'n ander vuur gesien, ouer en dieper as die huidige een.
Accanto all'altro fuoco era accovacciato un uomo che non somigliava per niente al cuoco meticcio.
Langs daardie ander vuur het 'n man gehurk, anders as die halfbloedkok.
Questa figura aveva gambe corte, braccia lunghe e muscoli duri e contratti.

Hierdie figuur het kort bene, lang arms en harde, geknoopte spiere gehad.

I suoi capelli erano lunghi e arruffati, e gli scendevano all'indietro a partire dagli occhi.

Sy hare was lank en verward, en het agteroor van die oë af gehang.

Emetteva strani suoni e fissava l'oscurità con paura.

Hy het vreemde geluide gemaak en vreesbevange na die donkerte gestaar.

Teneva bassa una mazza di pietra, stretta saldamente nella sua mano lunga e ruvida.

Hy het 'n klippenknuppel laag gehou, styf vasgegryp in sy lang growwe hand.

L'uomo indossava ben poco: solo una pelle carbonizzata che gli pendeva lungo la schiena.

Die man het min aangehad; net 'n verkoolde vel wat oor sy rug gehang het.

Il suo corpo era ricoperto da una folta peluria sulle braccia, sul petto e sulle cosce.

Sy lyf was bedek met dik hare oor sy arms, bors en dye.

Alcune parti del pelo erano aggrovigliate e formavano chiazze di pelo ruvido.

Sommige dele van die hare was verstrengel in kolle growwe pels.

Non stava dritto, ma era piegato in avanti dai fianchi alle ginocchia.

Hy het nie regop gestaan nie, maar vooroor gebuig van die heupe tot die knieë.

I suoi passi erano elastici e felini, come se fosse sempre pronto a scattare.

Sy treë was veerkragtig en katagtig, asof hy altyd gereed was om te spring.

C'era una forte allerta, come se vivesse nella paura costante.

Daar was 'n skerp waaksaamheid, asof hy in voortdurende vrees geleef het.

Quest'uomo anziano sembrava aspettarsi il pericolo, indipendentemente dal fatto che questo venisse visto o meno.
Hierdie antieke man het blykbaar gevaar verwag, of die gevaar nou gesien is of nie.
A volte l'uomo peloso dormiva accanto al fuoco, con la testa tra le gambe.
Soms het die harige man by die vuur geslaap, kop tussen sy bene ingesteek.
Teneva i gomiti sulle ginocchia e le mani giunte sopra la testa.
Sy elmboë het op sy knieë gerus, hande bo sy kop vasgevou.
Come un cane, usava le sue braccia pelose per proteggersi dalla pioggia che cadeva.
Soos 'n hond het hy sy harige arms gebruik om die vallende reën af te gooi.
Oltre la luce del fuoco, Buck vide due carboni ardenti che ardevano nell'oscurità.
Verby die vuurlig het Buck twee kole in die donker sien gloei.
Sempre a due a due, erano gli occhi delle bestie da preda.
Altyd twee-twee, was hulle die oë van bekruipende roofdiere.
Sentì corpi che si infrangevano tra i cespugli e rumori provenienti dalla notte.
Hy het liggame deur bosse hoor bots en geluide in die nag hoor maak.
Sdraiato sulla riva dello Yukon, sbattendo le palpebre, Buck sognò accanto al fuoco.
Terwyl hy op die Yukon-oewer gelê het, en sy oë geknip het, het Buck by die vuur gedroom.
Le immagini e i suoni di quel mondo selvaggio gli fecero rizzare i capelli.
Die besienswaardighede en geluide van daardie wilde wêreld het sy hare laat regop staan.
La pelliccia gli si drizzò lungo la schiena, sulle spalle e sul collo.
Die pels het langs sy rug, sy skouers en teen sy nek opgerys.

Gemeva piano o emetteva un ringhio basso dal profondo del petto.
Hy het saggies gekreun of 'n lae grom diep in sy bors gegee.
Allora il cuoco meticcio urlò: "Ehi, Buck, svegliati!"
Toe skree die halfbloedkok: "Haai, jy Buck, word wakker!"
Il mondo dei sogni svanì e la vera vita tornò agli occhi di Buck.
Die droomwêreld het verdwyn, en die werklike lewe het teruggekeer in Buck se oë.
Si sarebbe alzato, si sarebbe stiracchiato e avrebbe sbadigliato, come se si fosse svegliato da un pisolino.
Hy wou opstaan, strek en gaap, asof hy uit 'n middagslapie wakker gemaak is.
Il viaggio era duro, con la slitta postale che li trascinava dietro.
Die reis was moeilik, met die posslee wat agter hulle gesleep het.
Carichi pesanti e lavoro duro sfinivano i cani ogni lunga giornata.
Swaar vragte en harde werk het die honde elke lang dag uitgeput.
Arrivarono a Dawson magro, stanco e con bisogno di più di una settimana di riposo.
Hulle het Dawson maer, moeg en met meer as 'n week se rus aangekom.
Ma solo due giorni dopo ripartirono per lo Yukon.
Maar net twee dae later het hulle weer die Yukon afgevaar.
Erano carichi di altre lettere dirette al mondo esterno.
Hulle was gelaai met meer briewe wat na die buitewêreld bestem was.
I cani erano esausti e gli uomini si lamentavano in continuazione.
Die honde was uitgeput en die mans het aanhoudend gekla.
Ogni giorno cadeva la neve, ammorbidendo il sentiero e rallentando le slitte.
Sneeu het elke dag geval, die roete versag en die sleeë vertraag.

Ciò rendeva la trazione più dura e aumentava la resistenza delle guide.
Dit het veroorsaak dat die hardlopers harder trek en meer weerstand bied.
Nonostante ciò, i piloti si sono dimostrati leali e hanno avuto cura delle loro squadre.
Ten spyte daarvan was die bestuurders regverdig en het hulle vir hul spanne omgegee.
Ogni notte, i cani venivano nutriti prima che gli uomini mangiassero.
Elke aand is die honde gevoer voordat die mans kon eet.
Nessun uomo dormiva prima di controllare le zampe del proprio cane.
Geen man het geslaap voordat hy nie sy eie hond se pote nagegaan het nie.
Tuttavia, i cani diventavano sempre più deboli man mano che i chilometri consumavano i loro corpi.
Tog het die honde swakker geword soos die kilometers aan hul liggame gedra het.
Avevano viaggiato per milleottocento miglia durante l'inverno.
Hulle het agtienhonderd myl deur die winter gereis.
Percorrevano ogni miglio di quella distanza brutale trainando le slitte.
Hulle het sleeë oor elke myl van daardie brutale afstand getrek.
Anche i cani da slitta più resistenti provano tensione dopo tanti chilometri.
Selfs die taaiste sleehonde voel spanning na soveel kilometers.
Buck tenne duro, fece sì che la sua squadra lavorasse e mantenne la disciplina.
Buck het vasgehou, sy span aan die werk gehou en dissipline gehandhaaf.
Ma Buck era stanco, proprio come gli altri durante il lungo viaggio.
Maar Buck was moeg, net soos die ander op die lang reis.

Billee piagnucolava e piangeva nel sonno ogni notte, senza sosta.
Billee het elke nag sonder uitsondering in sy slaap gekreun en gehuil.
Joe diventò ancora più amareggiato e Solleks rimase freddo e distante.
Joe het selfs meer bitter geword, en Solleks het koud en afsydig gebly.
Ma è stato Dave a soffrire di più di tutta la squadra.
Maar dit was Dave wat die ergste van die hele span gely het.
Qualcosa dentro di lui era andato storto, anche se nessuno sapeva cosa.
Iets het binne hom verkeerd geloop, hoewel niemand geweet het wat nie.
Divenne più lunatico e aggredì gli altri con rabbia crescente.
Hy het humeuriger geword en met toenemende woede na ander uitgevaar.
Ogni notte andava dritto al suo nido, in attesa di essere nutrito.
Elke aand het hy reguit na sy nes gegaan en gewag om gevoer te word.
Una volta a terra, Dave non si alzò più fino al mattino.
Toe hy eers onder was, het Dave eers die oggend weer opgestaan.
Sulle redini, gli improvvisi strattoni o sussulti lo facevano gridare di dolore.
Aan die teuels het skielike rukke of skrikke hom van pyn laat uitroep.
L'autista ha cercato di capirne la causa, ma non ha trovato ferite.
Sy bestuurder het na die oorsaak gesoek, maar geen beserings aan hom gevind nie.
Tutti gli autisti cominciarono a osservare Dave e a discutere del suo caso.
Al die bestuurders het Dave begin dophou en sy saak bespreek.

Parlarono durante i pasti e durante l'ultima sigaretta della giornata.
Hulle het tydens etes en tydens hul laaste rook van die dag gepraat.
Una notte tennero una riunione e portarono Dave al fuoco.
Een aand het hulle 'n vergadering gehou en Dave na die vuur gebring.
Gli premevano e palpavano il corpo e lui gridava spesso.
Hulle het sy liggaam gedruk en ondersoek, en hy het dikwels uitgeroep.
Era evidente che qualcosa non andava, anche se non sembrava esserci nessuna frattura.
Dit was duidelik dat iets verkeerd was, alhoewel geen bene gebreek gelyk het nie.
Quando arrivarono al Cassiar Bar, Dave stava cadendo.
Teen die tyd dat hulle by Cassiar Bar aankom, het Dave begin val.
Il meticcio scozzese impose uno stop e rimosse Dave dalla squadra.
Die Skotse halfbloed het halt geroep en Dave uit die span verwyder.
Fissò Solleks al posto di Dave, il più vicino possibile alla parte anteriore della slitta.
Hy het Solleks in Dave se plek vasgemaak, naaste aan die slee se voorkant.
Voleva lasciare che Dave riposasse e corresse libero dietro la slitta in movimento.
Hy wou Dave laat rus en vry agter die bewegende slee laat hardloop.
Ma nonostante la malattia, Dave odiava che gli venisse tolto il lavoro che aveva ricoperto.
Maar selfs siek, het Dave gehaat om van die werk wat hy gehad het, weggeneem te word.
Ringhiò e piagnucolò quando gli strapparono le redini dal corpo.
Hy het gegrom en gekerm toe die teuels van sy lyf af getrek is.
Quando vide Solleks al suo posto, pianse disperato.

Toe hy Solleks in sy plek sien, het hy van gebroke hartseer gehuil.

L'orgoglio per il lavoro sui sentieri era profondo in Dave, anche quando la morte si avvicinava.

Die trots van roetewerk was diep in Dave, selfs toe die dood nader kom.

Mentre la slitta si muoveva, Dave arrancava nella neve soffice vicino al sentiero.

Terwyl die slee beweeg het, het Dave deur sagte sneeu naby die roete gestruikel.

Attaccò Solleks, mordendolo e spingendolo giù dal lato della slitta.

Hy het Solleks aangeval, hom van die slee se kant af gebyt en gestoot.

Dave cercò di saltare nell'imbracatura e di riprendersi il suo posto di lavoro.

Dave het probeer om in die harnas te spring en sy werkplek terug te eis.

Lui guaiva, si lamentava e piangeva, diviso tra il dolore e l'orgoglio del parto.

Hy het gegil, gekerm en gehuil, verskeur tussen pyn en trots in arbeid.

Il meticcio usò la frusta per cercare di allontanare Dave dalla squadra.

Die halfbloed het sy sweep gebruik om Dave van die span af te probeer wegdryf.

Ma Dave ignorò la frustata e l'uomo non riuscì a colpirlo più forte.

Maar Dave het die hou geïgnoreer, en die man kon hom nie harder slaan nie.

Dave rifiutò il sentiero più facile dietro la slitta, dove la neve era compatta.

Dave het die makliker pad agter die slee geweier, waar die sneeu vasgepak was.

Invece, si ritrovò a lottare nella neve profonda, ai lati del sentiero, in preda alla miseria.

In plaas daarvan het hy in die diep sneeu langs die paadjie gesukkel, in ellende.

Alla fine Dave crollò, giacendo sulla neve e urlando di dolore.

Uiteindelik het Dave ineengestort, in die sneeu gelê en van die pyn gehuil.

Lanciò un grido mentre la lunga fila di slitte gli passava accanto una dopo l'altra.

Hy het uitgeroep toe die lang trein sleeë een vir een verby hom ry.

Tuttavia, con le poche forze che gli rimanevano, si alzò e barcollò dietro di loro.

Tog, met die oorblywende krag, het hy opgestaan en agter hulle aan gestruikel.

Quando il treno si fermò di nuovo, lo raggiunse e trovò la sua vecchia slitta.

Hy het ingehaal toe die trein weer stilhou en sy ou slee gevind.

Superò con difficoltà le altre squadre e tornò a posizionarsi accanto a Solleks.

Hy het verby die ander spanne gestruikel en weer langs Solleks gaan staan.

Mentre l'autista si fermava per accendere la pipa, Dave colse l'ultima occasione.

Toe die bestuurder stilhou om sy pyp aan te steek, het Dave sy laaste kans gewaag.

Quando l'autista tornò e urlò, la squadra non avanzò.

Toe die bestuurder terugkeer en skree, het die span nie vorentoe beweeg nie.

I cani avevano girato la testa, confusi dall'improvviso arresto.

Die honde het hul koppe gedraai, verward deur die skielike stilstand.

Anche il conducente era scioccato: la slitta non si era mossa di un centimetro in avanti.

Die bestuurder was ook geskok — die slee het nie 'n duim vorentoe beweeg nie.

Chiamò gli altri perché venissero a vedere cosa era successo.
Hy het na die ander geroep om te kom kyk wat gebeur het.
Dave aveva masticato le redini di Solleks, spezzandole entrambe.
Dave het deur Solleks se teuels gekou en albei uitmekaar gebreek.
Ora era di nuovo in piedi davanti alla slitta, nella sua giusta posizione.
Nou het hy voor die slee gestaan, terug in sy regmatige posisie.
Dave alzò lo sguardo verso l'autista, implorandolo silenziosamente di restare al passo.
Dave het na die bestuurder opgekyk en stilweg gesmeek om in die spore te bly.
L'autista era perplesso e non sapeva cosa fare per il cane in difficoltà.
Die bestuurder was verward, onseker oor wat om vir die sukkelende hond te doen.
Gli altri uomini parlavano di cani morti perché li avevano portati fuori.
Die ander mans het gepraat van honde wat gevrek het omdat hulle uitgehaal is.
Raccontavano di cani vecchi o feriti il cui cuore si era spezzato quando erano stati abbandonati.
Hulle het vertel van ou of beseerde honde wie se harte gebreek het toe hulle agtergelaat is.
Concordarono che era un atto di misericordia lasciare che Dave morisse mentre era ancora imbrigliato.
Hulle het ooreengekom dat dit genade was om Dave te laat sterf terwyl hy nog in sy harnas was.
Fu rimesso in sicurezza sulla slitta e Dave tirò con orgoglio.
Hy was terug op die slee vasgemaak, en Dave het met trots getrek.
Anche se a volte gridava, lavorava come se il dolore potesse essere ignorato.
Alhoewel hy soms uitgeroep het, het hy gewerk asof pyn geïgnoreer kon word.

Più di una volta cadde e fu trascinato prima di rialzarsi.
Meer as een keer het hy geval en is hy gesleep voordat hy weer opgestaan het.

A un certo punto la slitta gli rotolò addosso e da quel momento in poi zoppicò.
Eenkeer het die slee oor hom gerol, en hy het van daardie oomblik af mank geloop.

Nonostante ciò, lavorò finché non raggiunse l'accampamento e poi si sdraiò accanto al fuoco.
Tog het hy gewerk totdat hy die kamp bereik het, en toe by die vuur gelê.

Al mattino Dave era troppo debole per muoversi o anche solo per stare in piedi.
Teen die oggend was Dave te swak om te reis of selfs regop te staan.

Al momento di allacciare l'imbracatura, cercò di raggiungere il suo autista con sforzi trementi.
Met die aanbring van die harnas het hy met bewerige inspanning probeer om sy bestuurder te bereik.

Si sforzò di rialzarsi, barcollò e crollò sul terreno innevato.
Hy het homself orent gedwing, gestruikel en op die sneeubedekte grond ineengestort.

Utilizzando le zampe anteriori, trascinò il suo corpo verso la zona dell'imbracatura.
Met sy voorpote het hy sy lyf na die harnasarea gesleep.

Si fece avanti, centimetro dopo centimetro, verso i cani da lavoro.
Hy het homself vorentoe gehaak, duim vir duim, na die werkhonde toe.

Le forze gli cedettero, ma continuò a muoversi nel suo ultimo disperato tentativo.
Sy krag het opgegee, maar hy het aangehou beweeg in sy laaste desperate stoot.

I suoi compagni di squadra lo videro ansimare nella neve, ancora desideroso di unirsi a loro.
Sy spanmaats het hom in die sneeu sien hyg, steeds verlangend om by hulle aan te sluit.

Lo sentirono urlare di dolore mentre si lasciavano alle spalle l'accampamento.
Hulle het hom hoor huil van droefheid toe hulle die kamp agterlaat.
Mentre la squadra svaniva tra gli alberi, il grido di Dave risuonava dietro di loro.
Terwyl die span in die bome verdwyn het, het Dave se geroep agter hulle weergalm.
Il treno delle slitte si fermò brevemente dopo aver attraversato un tratto di fiume ricco di boschi.
Die sleetrein het kortliks stilgehou nadat dit 'n stuk rivierhout oorgesteek het.
Il meticcio scozzese tornò lentamente verso l'accampamento alle sue spalle.
Die Skotse halfbloed het stadig teruggeloop na die kamp agter.
Gli uomini smisero di parlare quando lo videro scendere dal treno delle slitte.
Die mans het opgehou praat toe hulle hom die sleetrein sien verlaat.
Poi un singolo colpo di pistola risuonò chiaro e netto attraverso il sentiero.
Toe het 'n enkele geweerskoot helder en skerp oor die paadjie geklink.
L'uomo tornò rapidamente e prese il suo posto senza dire una parola.
Die man het vinnig teruggekeer en sonder 'n woord sy plek ingeneem.
Le fruste schioccavano, i campanelli tintinnavano e le slitte avanzavano sulla neve.
Swepe het geklap, klokke het geklingel, en die slee het deur die sneeu gerol.
Ma Buck sapeva cosa era successo, come tutti gli altri cani.
Maar Buck het geweet wat gebeur het — en so ook elke ander hond.

La fatica delle redini e del sentiero
Die Swoeg van Teuels en Roete

Trenta giorni dopo aver lasciato Dawson, la Salt Water Mail raggiunse Skaguay.
Dertig dae nadat hulle Dawson verlaat het, het die Salt Water Mail Skaguay bereik.
Buck e i suoi compagni di squadra presero il comando e arrivarono in condizioni pietose.
Buck en sy spanmaats het die voortou geneem en in 'n jammerlike toestand aangekom.
Buck era sceso da 140 a 150 chili.
Buck het van honderdveertig na honderdvyftien pond verloor.
Gli altri cani, sebbene più piccoli, avevano perso ancora più peso corporeo.
Die ander honde, hoewel kleiner, het selfs meer liggaamsgewig verloor.
Pike, che una volta zoppicava fingendo, ora trascinava dietro di sé una gamba veramente ferita.
Pike, eens 'n vals mankloper, het nou 'n werklik beseerde been agter hom gesleep.
Solleks zoppicava gravemente e Dub aveva una scapola slogata.
Solleks het erg mank geloop, en Dub het 'n geskeerde skouerblad gehad.
Tutti i cani del team avevano i piedi doloranti a causa delle settimane trascorse sul sentiero ghiacciato.
Elke hond in die span was seer van weke op die bevrore roete.
Non avevano più slancio nei loro passi, solo un movimento lento e trascinato.
Hulle het geen veerkrag meer in hul stappe gehad nie, net stadige, sleepende beweging.
I loro piedi colpivano il sentiero con forza e ogni passo aggiungeva ulteriore sforzo al loro corpo.
Hul voete tref die paadjie hard, elke tree plaas meer spanning op hul liggame.

Non erano malati, erano solo stremati oltre ogni possibile guarigione naturale.
Hulle was nie siek nie, net uitgeput tot onopvallende natuurlike herstel.
Non si trattava della stanchezza di una giornata faticosa, curata con una notte di riposo.
Dit was nie moegheid van een harde dag, genees met 'n nagrus nie.
Era una stanchezza accumulata lentamente attraverso mesi di sforzi estenuanti.
Dit was uitputting wat stadig opgebou is deur maande se uitmergelende inspanning.
Non era rimasta alcuna riserva di forze: avevano esaurito ogni energia a loro disposizione.
Geen reserwekrag het oorgebly nie — hulle het elke bietjie wat hulle gehad het, opgebruik.
Ogni muscolo, fibra e cellula del loro corpo era consumato e usurato.
Elke spier, vesel en sel in hulle liggame was uitgeput en afgetakel.
E c'era un motivo: avevano percorso duemilacinquecento miglia.
En daar was 'n rede — hulle het vyf-en-twintig honderd myl afgelê.
Si erano riposati solo cinque giorni durante le ultime milleottocento miglia.
Hulle het slegs vyf dae gerus gedurende die laaste agtienhonderd myl.
Quando giunsero a Skaguay, sembrava che riuscissero a malapena a stare in piedi.
Toe hulle Skaguay bereik, het dit gelyk of hulle skaars regop kon staan.
Facevano fatica a tenere le redini strette e a restare davanti alla slitta.
Hulle het gesukkel om die teuels styf te hou en voor die slee te bly.

Nei pendii in discesa riuscivano solo a evitare di essere investiti.
Op afdraandes het hulle net daarin geslaag om te vermy om omgery te word.
"Continuate a marciare, poveri piedi doloranti", disse l'autista mentre zoppicavano.
"Marsjeer aan, arme seer voete," het die bestuurder gesê terwyl hulle mank gery het.
"Questo è l'ultimo tratto, poi ci prenderemo tutti un lungo riposo, di sicuro."
"Dis die laaste stuk, dan kry ons almal verseker een lang ruskans."
"Un riposo davvero lungo", promise, guardandoli barcollare in avanti.
"Een werklik lang ruskans," het hy belowe terwyl hy hulle dopgehou het terwyl hulle vorentoe strompel.
Gli autisti si aspettavano una lunga e necessaria pausa.
Die bestuurders het verwag dat hulle nou 'n lang, nodige blaaskans sou kry.
Avevano percorso milleduecento miglia con solo due giorni di riposo.
Hulle het twaalfhonderd myl afgelê met slegs twee dae se rus.
Per correttezza e ragione, ritenevano di essersi guadagnati un po' di tempo per rilassarsi.
Uit billikheid en rede het hulle gevoel dat hulle tyd verdien het om te ontspan.
Ma troppi erano giunti nel Klondike e troppo pochi erano rimasti a casa.
Maar te veel het na die Klondike gekom, en te min het tuis gebly.
Le lettere delle famiglie continuavano ad arrivare, creando pile di posta in ritardo.
Briewe van families het ingestroom, wat hope vertraagde pos veroorsaak het.
Arrivarono gli ordini ufficiali: i nuovi cani della Hudson Bay avrebbero preso il sopravvento.

Amptelike bevele het aangekom—nuwe Hudsonbaai-honde sou oorneem.

I cani esausti, ormai considerati inutili, dovevano essere eliminati.

Die uitgeputte honde, nou as waardeloos beskou, moes van die hand gesit word.

Poiché i soldi erano più importanti dei cani, venivano venduti a basso prezzo.

Aangesien geld meer as honde saak gemaak het, sou hulle goedkoop verkoop word.

Passarono altri tre giorni prima che i cani si accorgessero di quanto fossero deboli.

Nog drie dae het verbygegaan voordat die honde gevoel het hoe swak hulle was.

La quarta mattina, due uomini provenienti dagli Stati Uniti acquistarono l'intera squadra.

Op die vierde oggend het twee mans van die State die hele span gekoop.

La vendita comprendeva tutti i cani e le loro imbracature usate.

Die verkoop het al die honde ingesluit, plus hul verslete harnastoerusting.

Mentre concludevano l'affare, gli uomini si chiamavano tra loro "Hal" e "Charles".

Die mans het mekaar "Hal" en "Charles" genoem terwyl hulle die transaksie voltooi het.

Charles era un uomo di mezza età, pallido, con labbra molli e folti baffi.

Charles was middeljarig, bleek, met slap lippe en woeste snorpunte.

Hal era un giovane, forse diciannove anni, che indossava una cintura imbottita di cartucce.

Hal was 'n jong man, miskien negentien, met 'n gordel vol patroon.

Nella cintura erano contenuti un grosso revolver e un coltello da caccia, entrambi inutilizzati.

Die gordel het 'n groot rewolwer en 'n jagmes bevat, albei ongebruik.

Dimostrava quanto fosse inesperto e inadatto alla vita nel Nord.

Dit het getoon hoe onervare en ongeskik hy was vir die noordelike lewe.

Nessuno dei due uomini viveva in natura; la loro presenza sfidava ogni ragionevolezza.

Nie een van die manne het in die natuur hoort nie; hul teenwoordigheid het alle rede getrotseer.

Buck osservava lo scambio di denaro tra l'acquirente e l'agente.

Buck het gekyk hoe geld tussen koper en agent oorgedra is.

Sapeva che i conducenti dei treni postali stavano abbandonando la sua vita come tutti gli altri.

Hy het geweet die postreindrywers verlaat sy lewe soos die res.

Seguirono Perrault e François, ormai scomparsi.

Hulle het Perrault en François gevolg, nou onherroeplik.

Buck e la squadra vennero condotti al disordinato accampamento dei loro nuovi proprietari.

Buck en die span is na hul nuwe eienaars se slordige kamp gelei.

La tenda cedeva, i piatti erano sporchi e tutto era in disordine.

Die tent het gesak, die skottelgoed was vuil, en alles het in wanorde gelê.

Anche Buck notò una donna lì: Mercedes, moglie di Charles e sorella di Hal.

Buck het ook 'n vrou daar opgemerk—Mercedes, Charles se vrou en Hal se suster.

Formavano una famiglia completa, anche se erano tutt'altro che adatti al sentiero.

Hulle het 'n volledige gesin gemaak, alhoewel glad nie geskik vir die roete nie.

Buck osservava nervosamente mentre il trio iniziava a impacchettare le provviste.

Buck het senuweeagtig gekyk terwyl die drietal die voorraad begin pak het.

Lavoravano duro ma senza ordine, solo confusione e sforzi sprecati.

Hulle het hard gewerk, maar sonder orde—net ophef en vermorste moeite.

La tenda era arrotolata fino a formare una sagoma ingombrante, decisamente troppo grande per la slitta.

Die tent was in 'n lywige vorm opgerol, heeltemal te groot vir die slee.

I piatti sporchi venivano imballati senza essere stati né lavati né asciugati.

Vuil skottelgoed is verpak sonder om glad nie skoongemaak of gedroog te word nie.

Mercedes svolazzava in giro, parlando, correggendo e intromettendosi in continuazione.

Mercedes het rondgefladder, aanhoudend gepraat, reggestel en ingemeng.

Quando le misero un sacco davanti, lei insistette perché lo mettesse dietro.

Toe 'n sak voor geplaas is, het sy daarop aangedring dat dit agterop geplaas word.

Mise il sacco in fondo e un attimo dopo ne ebbe bisogno.

Sy het die sak onderin gepak, en die volgende oomblik het sy dit nodig gehad.

Quindi la slitta venne disimballata di nuovo per raggiungere quella specifica borsa.

So is die slee weer uitgepak om by die een spesifieke sak uit te kom.

Lì vicino, tre uomini stavano fuori da una tenda e osservavano la scena che si svolgeva.

Daar naby het drie mans buite 'n tent gestaan en die toneel dopgehou.

Sorrisero, ammiccarono e sogghignarono di fronte all'evidente confusione dei nuovi arrivati.

Hulle het geglimlag, geknipoog en geglimlag vir die nuwelinge se ooglopende verwarring.

"Hai già un carico parecchio pesante", disse uno degli uomini.

"Jy het reeds 'n baie swaar vrag," het een van die mans gesê.

"Non credo che dovresti portare quella tenda, ma la scelta è tua."

"Ek dink nie jy moet daardie tent dra nie, maar dis jou keuse."

"Impensabile!" esclamò Mercedes, alzando le mani in segno di disperazione.

"Ongedroomd!" roep Mercedes uit en gooi haar hande in wanhoop in die lug.

"Come potrei viaggiare senza una tenda sotto cui dormire?"

"Hoe kan ek moontlik reis sonder 'n tent om onder te bly?"

«È primavera, non vedrai più il freddo», rispose l'uomo.

"Dis lentetyd—jy sal nie weer koue weer sien nie," het die man geantwoord.

Ma lei scosse la testa e loro continuarono ad accumulare oggetti sulla slitta.

Maar sy het haar kop geskud, en hulle het aangehou om items op die slee te stapel.

Il carico era pericolosamente alto mentre aggiungevano gli ultimi oggetti.

Die vrag het gevaarlik hoog getoorn toe hulle die laaste dinge bygevoeg het.

"Pensi che la slitta andrà avanti?" chiese uno degli uomini con aria scettica.

"Dink jy die slee sal ry?" het een van die mans met 'n skeptiese uitdrukking gevra.

"E perché non dovrebbe?" ribatté Charles con netto fastidio.

"Waarom nie?" het Charles met skerp ergernis teruggekap.

"Oh, va bene", disse rapidamente l'uomo, evitando di offendersi.

"O, dis reg so," het die man vinnig gesê en van die aanstoot teruggedeins.

"Mi chiedevo solo: mi sembrava un po' troppo pesante nella parte superiore."

"Ek het net gewonder—dit het net vir my 'n bietjie te swaar bo-op gelyk."

Charles si voltò e legò il carico meglio che poté.
Charles het weggedraai en die vrag so goed as wat hy kon vasgemaak.
Ma le legature erano allentate e l'imballaggio nel complesso era fatto male.
Maar die vasmaakplekke was los en die verpakking oor die algemeen swak gedoen.
"Certo, i cani tireranno così tutto il giorno", disse sarcasticamente un altro uomo.
"Natuurlik, die honde sal dit heeldag trek," het 'n ander man sarkasties gesê.
«Certamente», rispose Hal freddamente, afferrando il lungo timone della slitta.
"Natuurlik," antwoord Hal koud en gryp die slee se lang geestok.
Tenendo una mano sul palo, faceva roteare la frusta nell'altra.
Met een hand aan die paal het hy die sweep in die ander geswaai.
"Andiamo!" urlò. "Muovetevi!", incitando i cani a partire.
"Kom ons gaan!" het hy geskree. "Beweeg dit!" en die honde aangespoor om te begin.
I cani si appoggiarono all'imbracatura e si sforzarono per qualche istante.
Die honde het in die harnas geleun en vir 'n paar oomblikke gespanne geraak.
Poi si fermarono, incapaci di spostare di un centimetro la slitta sovraccarica.
Toe het hulle stilgehou, nie in staat om die oorlaaide slee 'n duim te beweeg nie.
"Quei fannulloni!" urlò Hal, alzando la frusta per colpirli.
"Die lui brute diere!" het Hal geskree en die sweep opgelig om hulle te slaan.
Ma Mercedes si precipitò dentro e strappò la frusta dalle mani di Hal.
Maar Mercedes het ingestorm en die sweep uit Hal se hande gegryp.

«Oh, Hal, non osare far loro del male», gridò allarmata.

"Ag, Hal, moenie dit waag om hulle seer te maak nie," het sy verskrik uitgeroep.

"Promettimi che sarai gentile con loro, altrimenti non farò un altro passo."

"Beloof my dat jy goedhartig teenoor hulle sal wees, anders gaan ek nie verder nie."

"Non sai niente di cani", scattò Hal contro la sorella.

"Jy weet niks van honde af nie," het Hal vir sy suster gesê.

"Sono pigri e l'unico modo per smuoverli è frustarli."

"Hulle is lui, en die enigste manier om hulle te beweeg, is om hulle te slaan."

"Chiedi a chiunque, chiedi a uno di quegli uomini laggiù se dubiti di me."

"Vra enigiemand—vra een van daardie mans daar oorkant as jy aan my twyfel."

Mercedes guardò gli astanti con occhi imploranti e pieni di lacrime.

Mercedes het die omstanders met smekende, tranerige oë aangekyk.

Il suo viso rivelava quanto odiasse la vista di qualsiasi dolore.

Haar gesig het getoon hoe diep sy die aanskoue van enige pyn gehaat het.

"Sono deboli, tutto qui", ha detto un uomo. "Sono sfiniti."

"Hulle is swak, dis al," het een man gesê. "Hulle is uitgeput."

"Hanno bisogno di riposare: hanno lavorato troppo a lungo senza una pausa."

"Hulle het rus nodig—hulle is te lank sonder 'n pouse gewerk."

«Che il resto sia maledetto», borbottò Hal arricciando il labbro.

"Mag die res vervloek wees," mompel Hal met sy lip opgetrek.

Mercedes sussultò, visibilmente addolorata per le parole volgari pronunciate da lui.

Mercedes het na haar asem gesnak, duidelik pynlik oor die growwe woord van hom.

Ciononostante, lei rimase leale e difese immediatamente il fratello.

Tog het sy lojaal gebly en haar broer onmiddellik verdedig.

"**Non badare a quell'uomo**", **disse ad Hal.** "**Sono i nostri cani.**"

"Moenie jou aan daardie man steur nie," het sy vir Hal gesê. "Hulle is ons honde."

"**Li guidi come meglio credi: fai ciò che ritieni giusto.**"

"Jy bestuur hulle soos jy goeddink — doen wat jy dink reg is."

Hal sollevò la frusta e colpì di nuovo i cani senza pietà.

Hal het die sweep opgelig en die honde weer sonder genade geslaan.

Si lanciarono in avanti, con i corpi bassi e i piedi che affondavano nella neve.

Hulle het vorentoe gestorm, liggame laag, voete in die sneeu gedruk.

Tutta la loro forza era concentrata nel traino, ma la slitta non si muoveva.

Al hulle krag het in die trekkrag gegaan, maar die slee het nie beweeg nie.

La slitta rimase bloccata, come un'ancora congelata nella neve compatta.

Die slee het vasgesteek, soos 'n anker wat in die gepakte sneeu gevries is.

Dopo un secondo tentativo, i cani si fermarono di nuovo, ansimando forte.

Na 'n tweede poging het die honde weer gestop, hard hyggend.

Hal sollevò di nuovo la frusta, proprio mentre Mercedes interferiva di nuovo.

Hal het die sweep weer eens gelig, net toe Mercedes weer inmeng.

Si lasciò cadere in ginocchio davanti a Buck e gli abbracciò il collo.

Sy het voor Buck op haar knieë geval en sy nek omhels.

Le lacrime le riempivano gli occhi mentre implorava il cane esausto.

Trane het haar oë gevul terwyl sy die uitgeputte hond gesmeek het.

"Poveri cari", disse, "perché non tirate più forte?"

"Julle arme dierbares," het sy gesê, "hoekom trek julle nie net harder nie?"

"Se tiri, non verrai frustato così."

"As jy trek, sal jy nie so geslaan word nie."

A Buck non piaceva Mercedes, ma ormai era troppo stanco per resisterle.

Buck het nie van Mercedes gehou nie, maar hy was te moeg om haar nou te weerstaan.

Lui accettò le sue lacrime come se fossero solo un'altra parte di quella giornata miserabile.

Hy het haar trane as net nog 'n deel van die ellendige dag aanvaar.

Uno degli uomini che osservavano, dopo aver represso la rabbia, finalmente parlò.

Een van die mans wat toekyk, het uiteindelik gepraat nadat hy sy woede onderdruk het.

"Non mi interessa cosa succede a voi, ma quei cani sono importanti."

"Ek gee nie om wat met julle gebeur nie, maar daardie honde maak saak."

"Se vuoi aiutare, stacca quella slitta: è ghiacciata e innevata."

"As jy wil help, breek daardie slee los — dis vasgevries tot die sneeu."

"Spingi con forza il palo della luce, a destra e a sinistra, e rompi il sigillo di ghiaccio."

"Druk hard op die gee-paal, regs en links, en breek die ysseël."

Fu fatto un terzo tentativo, questa volta seguendo il suggerimento dell'uomo.

'n Derde poging is aangewend, hierdie keer na aanleiding van die man se voorstel.

Hal fece oscillare la slitta da una parte all'altra, facendo staccare i pattini.
Hal het die slee van kant tot kant gewieg en die lopers losgebreek.
La slitta, benché sovraccarica e scomoda, alla fine sobbalzò in avanti.
Die slee, hoewel oorlaai en lomp, het uiteindelik vorentoe geslinger.
Buck e gli altri tirarono selvaggiamente, spinti da una tempesta di frustate.
Buck en die ander het wild getrek, gedryf deur 'n storm sweepslae.
Un centinaio di metri più avanti, il sentiero curvava e scendeva in pendenza verso la strada.
Honderd meter vorentoe het die paadjie gebuig en in die straat afgegaan.
Ci sarebbe voluto un guidatore esperto per tenere la slitta in posizione verticale.
Dit sou 'n bekwame bestuurder geverg het om die slee regop te hou.
Hal non era abile e la slitta si ribaltò mentre svoltava.
Hal was nie vaardig nie, en die slee het gekantel toe dit om die draai swaai.
Le cinghie allentate cedettero e metà del carico si rovesciò sulla neve.
Los vasmaakbande het meegegee, en die helfte van die vrag het op die sneeu geval.
I cani non si fermarono; la slitta più leggera continuò a procedere su un fianco.
Die honde het nie gestop nie; die ligter slee het op sy sy gevlieg.
I cani, furiosi per i maltrattamenti e per il peso del carico, corsero più veloci.
Woedend van die mishandeling en die swaar las, het die honde vinniger gehardloop.
Buck, infuriato, si lanciò a correre, seguito dalla squadra.

Buck, in woede, het begin hardloop, met die span wat agter hom aanloop.

Hal urlò "Whoa! Whoa!" ma la squadra non gli prestò attenzione.
Hal het geskree "Whoa! Whoa!" maar die span het geen aandag aan hom geskenk nie.

Inciampò, cadde e fu trascinato a terra dall'imbracatura.
Hy het gestruikel, geval en is deur die harnas oor die grond gesleep.

La slitta rovesciata lo travolse mentre i cani continuavano a correre avanti.
Die omgekeerde slee het oor hom gestamp terwyl die honde vorentoe gejaag het.

Il resto delle provviste è sparso lungo la trafficata strada di Skaguay.
Die res van die voorrade het oor Skaguay se besige straat versprei gelê.

Le persone di buon cuore si precipitarono a fermare i cani e a raccogliere l'attrezzatura.
Goedhartige mense het gehardloop om die honde te stop en die toerusting bymekaar te maak.

Diedero anche consigli schietti e pratici ai nuovi viaggiatori.
Hulle het ook raad, reguit en prakties, aan die nuwe reisigers gegee.

"Se vuoi raggiungere Dawson, prendi metà del carico e raddoppia i cani."
"As jy Dawson wil bereik, neem die helfte van die vrag en verdubbel die honde."

Hal, Charles e Mercedes ascoltarono, anche se non con entusiasmo.
Hal, Charles en Mercedes het geluister, maar nie met entoesiasme nie.

Montarono la tenda e cominciarono a sistemare le loro provviste.
Hulle het hul tent opgeslaan en begin om hul voorraad uit te sorteer.

Ne uscirono dei cibi in scatola, che fecero ridere a crepapelle gli astanti.

Ingemaakte goedere het uitgekom, wat omstanders hardop laat lag het.

"Roba in scatola sul sentiero? Morirai di fame prima che si sciolga", disse uno.

"Ingemaakte goed op die roete? Jy sal verhonger voordat dit smelt," het een gesê.

"Coperte d'albergo? Meglio buttarle via tutte."

"Hotelkomberse? Jy is beter daaraan toe om hulle almal weg te gooi."

"Togli anche la tenda e qui nessuno laverà più i piatti."

"Gooi ook die tent weg, en niemand was skottelgoed hier nie."

"Pensi di viaggiare su un treno Pullman con dei servitori a bordo?"

"Dink jy jy ry op 'n Pullman-trein met bediendes aan boord?"

Il processo ebbe inizio: ogni oggetto inutile venne gettato da parte.

Die proses het begin—elke nuttelose item is eenkant gegooi.

Mercedes pianse quando le sue borse furono svuotate sul terreno innevato.

Mercedes het gehuil toe haar tasse op die sneeubedekte grond leeggemaak is.

Singhiozzava per ogni oggetto buttato via, uno per uno, senza sosta.

Sy het sonder ophou gehuil oor elke item wat uitgegooi is, een vir een.

Giurò di non fare un altro passo, nemmeno per dieci Charles.

Sy het belowe om nie een tree verder te gee nie—nie eens vir tien Charleses nie.

Pregò ogni persona vicina di lasciarle conservare le sue cose preziose.

Sy het elke persoon naby gesmeek om haar toe te laat om haar kosbare besittings te hou.

Alla fine si asciugò gli occhi e cominciò a gettare via anche i vestiti più importanti.

Uiteindelik het sy haar oë afgevee en selfs noodsaaklike klere begin weggooi.
Una volta terminato il suo, cominciò a svuotare le scorte degli uomini.
Toe sy klaar was met haar eie, het sy die mans se voorrade begin leegmaak.
Come un turbine, fece a pezzi gli effetti personali di Charles e Hal.
Soos 'n warrelwind het sy deur Charles en Hal se besittings geskeur.
Sebbene il carico fosse dimezzato, era comunque molto più pesante del necessario.
Alhoewel die lading gehalveer is, was dit steeds baie swaarder as wat nodig was.
Quella notte, Charles e Hal uscirono e comprarono sei nuovi cani.
Daardie aand het Charles en Hal uitgegaan en ses nuwe honde gekoop.
Questi nuovi cani si unirono ai sei originali, più Teek e Koona.
Hierdie nuwe honde het by die oorspronklike ses aangesluit, plus Teek en Koona.
Insieme formarono una squadra di quattordici cani attaccati alla slitta.
Saam het hulle 'n span van veertien honde gevorm wat aan die slee vasgemaak is.
Ma i nuovi cani erano inadatti e poco addestrati per il lavoro con la slitta.
Maar die nuwe honde was ongeskik en swak opgelei vir sleewerk.
Tre dei cani erano cani da caccia a pelo corto, mentre uno era un Terranova.
Drie van die honde was korthaar-wysers, en een was 'n Newfoundland.
Gli ultimi due cani erano meticci senza alcuna razza o scopo ben definito.

Die laaste twee honde was basters van geen duidelike ras of doel hoegenaamd nie.

Non capivano il percorso e non lo imparavano in fretta.

Hulle het die roete nie verstaan nie, en hulle het dit nie vinnig geleer nie.

Buck e i suoi compagni li osservavano con disprezzo e profonda irritazione.

Buck en sy makkers het hulle met minagting en diepe irritasie dopgehou.

Sebbene Buck insegnasse loro cosa non fare, non poteva insegnare loro il dovere.

Alhoewel Buck hulle geleer het wat om nie te doen nie, kon hy hulle nie plig leer nie.

Non amavano la vita sui sentieri né la trazione delle redini e delle slitte.

Hulle het nie goed verdra om die lewe agterna te loop of die trek van teuels en slee nie.

Soltanto i bastardi cercarono di adattarsi, e anche a loro mancava lo spirito combattivo.

Slegs die basterdiere het probeer aanpas, en selfs hulle het veggees kortgekom.

Gli altri cani erano confusi, indeboliti e distrutti dalla loro nuova vita.

Die ander honde was verward, verswak en gebroke deur hul nuwe lewe.

Con i nuovi cani all'oscuro e i vecchi esausti, la speranza era flebile.

Met die nuwe honde sonder enige idee en die oues uitgeput, was die hoop skraal.

La squadra di Buck aveva percorso duemilacinquecento miglia di sentiero accidentato.

Buck se span het vyf-en-twintig honderd myl se rowwe roete afgelê.

Ciononostante, i due uomini erano allegri e orgogliosi della loro grande squadra di cani.

Tog was die twee mans vrolik en trots op hul groot hondespan.

Pensavano di viaggiare con stile, con quattordici cani al seguito.
Hulle het gedink hulle reis in styl, met veertien honde vasgehaak.
Avevano visto delle slitte partire per Dawson e altre arrivarne.
Hulle het sleeë na Dawson sien vertrek, en ander daarvandaan sien aankom.
Ma non ne avevano mai vista una trainata da ben quattordici cani.
Maar nog nooit het hulle een gesien wat deur soveel as veertien honde getrek word nie.
C'era un motivo per cui squadre del genere erano rare nelle terre selvagge dell'Artico.
Daar was 'n rede waarom sulke spanne skaars in die Arktiese wildernis was.
Nessuna slitta poteva trasportare cibo sufficiente a sfamare quattordici cani per l'intero viaggio.
Geen slee kon genoeg kos dra om veertien honde vir die reis te voed nie.
Ma Charles e Hal non lo sapevano: avevano fatto i calcoli.
Maar Charles en Hal het dit nie geweet nie — hulle het die wiskunde gedoen.
Hanno pianificato la razione di cibo: una certa quantità per cane, per un certo numero di giorni, fatta.
Hulle het die kos met potlood neergeskryf: soveel per hond, soveel dae, klaar.
Mercedes guardò i numeri e annuì come se avessero senso.
Mercedes het na hul syfers gekyk en geknik asof dit sin maak.
Tutto le sembrava molto semplice, almeno sulla carta.
Dit het alles vir haar baie eenvoudig gelyk, ten minste op papier.

La mattina seguente, Buck guidò lentamente la squadra lungo la strada innevata.
Die volgende oggend het Buck die span stadig die sneeubedekte straat op gelei.

Non c'era né energia né spirito in lui e nei cani dietro di lui.
Daar was geen energie of gees in hom of die honde agter hom nie.

Erano stanchi morti fin dall'inizio: non avevano più riserve.
Hulle was van die begin af doodmoeg—daar was geen reserwe oor nie.

Buck aveva già fatto quattro viaggi tra Salt Water e Dawson.
Buck het reeds vier reise tussen Salt Water en Dawson gemaak.

Ora, di fronte alla stessa pista, non provava altro che amarezza.
Nou, terwyl hy weer met dieselfde spoor te kampe gehad het, het hy niks anders as bitterheid gevoel nie.

Il suo cuore non c'era, e nemmeno quello degli altri cani.
Sy hart was nie daarin nie, en ook nie die harte van die ander honde nie.

I nuovi cani erano timidi e gli husky non si fidavano per niente.
Die nuwe honde was skugter, en die huskies het alle vertroue kortgekom.

Buck capì che non poteva fare affidamento su quei due uomini o sulla loro sorella.
Buck het aangevoel dat hy nie op hierdie twee mans of hul suster kon staatmaak nie.

Non sapevano nulla e non mostravano alcun segno di apprendimento lungo il percorso.
Hulle het niks geweet nie en geen tekens van leer op die roete getoon nie.

Erano disorganizzati e privi di qualsiasi senso di disciplina.
Hulle was ongeorganiseerd en het geen sin vir dissipline gehad nie.

Ogni volta impiegavano metà della notte per allestire un accampamento malmesso.
Dit het hulle elke keer die helfte van die nag geneem om 'n slordige kamp op te slaan.

E metà della mattina successiva la trascorsero di nuovo armeggiando con la slitta.

En die helfte van die volgende oggend het hulle weer met die slee gepeuter.
Spesso a mezzogiorno si fermavano solo per sistemare il carico irregolare.
Teen die middaguur het hulle dikwels gestop net om die ongelyke vrag reg te maak.
In alcuni giorni percorsero meno di dieci miglia in totale.
Op sommige dae het hulle minder as tien myl in totaal afgelê.
Altri giorni non riuscivano proprio ad abbandonare l'accampamento.
Ander dae het hulle glad nie daarin geslaag om die kamp te verlaat nie.
Non sono mai riusciti a coprire la distanza alimentare prevista.
Hulle het nooit naby gekom om die beplande voedselafstand af te lê nie.
Come previsto, il cibo per i cani finì molto presto.
Soos verwag, het hulle baie vinnig kos vir die honde kortgekom.
Nei primi tempi hanno peggiorato ulteriormente la situazione con l'eccesso di cibo.
Hulle het sake vererger deur in die vroeë dae oor te voer.
Ciò rendeva la carestia sempre più vicina, con ogni razione disattenta.
Dit het hongersnood nader gebring met elke sorgelose rantsoen.
I nuovi cani non avevano ancora imparato a sopravvivere con molto poco.
Die nuwe honde het nie geleer om met baie min te oorleef nie.
Mangiarono avidamente, con un appetito troppo grande per il sentiero.
Hulle het hongerig geëet, met 'n aptyt te groot vir die roete.
Vedendo i cani indebolirsi, Hal pensò che il cibo non fosse sufficiente.
Toe Hal sien hoe die honde verswak, het hy geglo dat die kos nie genoeg was nie.
Raddoppiò le razioni, peggiorando ulteriormente l'errore.

Hy het die rantsoene verdubbel, wat die fout nog erger gemaak het.

Mercedes aggravò il problema con le sue lacrime e le sue suppliche sommesse.

Mercedes het met trane en sagte smeekbedes tot die probleem bygedra.

Quando non riuscì a convincere Hal, diede da mangiare ai cani di nascosto.

Toe sy Hal nie kon oortuig nie, het sy die honde in die geheim gevoer.

Rubò il pesce dai sacchi e glielo diede alle spalle.

Sy het uit die visakke gesteel en dit agter sy rug vir hulle gegee.

Ma ciò di cui i cani avevano veramente bisogno non era altro cibo: era riposo.

Maar wat die honde werklik nodig gehad het, was nie meer kos nie—dit was rus.

Nonostante la loro scarsa velocità, la pesante slitta continuava a procedere.

Hulle het swak tyd gemaak, maar die swaar slee het steeds gesleep.

Quel peso da solo esauriva ogni giorno le loro forze rimanenti.

Daardie gewig alleen het elke dag hul oorblywende krag uitgeput.

Poi arrivò la fase della sottoalimentazione, quando le scorte scarseggiavano.

Toe kom die stadium van ondervoeding namate die voorrade min geword het.

Una mattina Hal si accorse che metà del cibo per cani era già finito.

Hal het eendagoggend besef dat die helfte van die hondekos reeds op was.

Avevano percorso solo un quarto della distanza totale del sentiero.

Hulle het slegs 'n kwart van die totale afstand van die roete afgelê.

Non si poteva più comprare cibo, a qualunque prezzo.
Geen kos kon meer gekoop word nie, ongeag die prys wat aangebied is.
Ridusse le porzioni dei cani al di sotto della razione giornaliera standard.
Hy het die honde se porsies verminder tot onder die standaard daaglikse rantsoen.
Allo stesso tempo, chiese di viaggiare più a lungo per compensare la perdita.
Terselfdertyd het hy langer reise geëis om die verlies te vergoed.
Mercedes e Charles appoggiarono questo piano, ma fallirono nella sua realizzazione.
Mercedes en Charles het hierdie plan ondersteun, maar het misluk in uitvoering.
La loro pesante slitta e la mancanza di abilità rendevano il progresso quasi impossibile.
Hul swaar slee en gebrek aan vaardigheid het vordering byna onmoontlik gemaak.
Era facile dare meno cibo, ma impossibile forzare uno sforzo maggiore.
Dit was maklik om minder kos te gee, maar onmoontlik om meer moeite af te dwing.
Non potevano partire prima, né viaggiare per ore extra.
Hulle kon nie vroeg begin nie, en hulle kon ook nie vir ekstra ure reis nie.
Non sapevano come gestire i cani, e nemmeno loro stessi, a dire il vero.
Hulle het nie geweet hoe om die honde te werk nie, en ook nie hulself nie.
Il primo cane a morire fu Dub, lo sfortunato ma laborioso ladro.
Die eerste hond wat gesterf het, was Dub, die ongelukkige maar hardwerkende dief.
Sebbene spesso punito, Dub aveva fatto la sua parte senza lamentarsi.

Alhoewel hy dikwels gestraf is, het Dub sy deel gedoen sonder om te kla.
La sua spalla ferita peggiorò se non ricevette cure adeguate e non ebbe bisogno di riposo.
Sy beseerde skouer het vererger sonder sorg of rus nodig gehad.
Alla fine, Hal usò la pistola per porre fine alle sofferenze di Dub.
Uiteindelik het Hal die rewolwer gebruik om Dub se lyding te beëindig.
Un detto comune afferma che i cani normali muoiono se vengono nutriti con razioni di husky.
'n Algemene gesegde beweer dat normale honde op husky-rantsoene vrek.
I sei nuovi compagni di Buck avevano ricevuto solo metà della quota di cibo riservata all'husky.
Buck se ses nuwe metgeselle het net die helfte van die husky se deel van kos gehad.
Il Terranova morì per primo, seguito dai tre cani da caccia a pelo corto.
Die Newfoundland het eerste gevrek, toe die drie korthaar-wysers.
I due bastardi resistettero più a lungo ma alla fine morirono come gli altri.
Die twee basterds het langer gehou, maar uiteindelik soos die res omgekom.
Ormai tutti i comfort e la gentilezza del Southland erano scomparsi.
Teen hierdie tyd was al die geriewe en sagtheid van die Suidland weg.
Le tre persone avevano perso le ultime tracce della loro educazione civile.
Die drie mense het die laaste spore van hul beskaafde opvoeding afgeskud.
Spogliato di glamour e romanticismo, il viaggio nell'Artico è diventato brutalmente reale.

Gestroop van glans en romanse, het Arktiese reise brutaal werklik geword.

Era una realtà troppo dura per il loro senso di virilità e femminilità.

Dit was 'n werklikheid te hard vir hulle sin van manlikheid en vroulikheid.

Mercedes non piangeva più per i cani, ma piangeva solo per se stessa.

Mercedes het nie meer oor die honde gehuil nie, maar nou net oor haarself.

Trascorreva il tempo piangendo e litigando con Hal e Charles.

Sy het haar tyd deurgebring met huil en rusie met Hal en Charles.

Litigare era l'unica cosa per cui non si stancavano mai.

Rusie was die een ding waarvoor hulle nooit te moeg was nie.

La loro irritabilità derivava dalla miseria, cresceva con essa e la superava.

Hul prikkelbaarheid het uit ellende gekom, daarmee saam gegroei en dit oortref.

La pazienza del cammino, nota a coloro che faticano e soffrono con generosità, non è mai arrivata.

Die geduld van die roete, bekend aan diegene wat swoeg en ly met liefde, het nooit gekom nie.

Quella pazienza che rende dolce la parola nonostante il dolore, era a loro sconosciuta.

Daardie geduld, wat spraak soet hou deur pyn, was onbekend aan hulle.

Non avevano alcun briciolo di pazienza, nessuna forza derivante dalla sofferenza con grazia.

Hulle het geen sweempie geduld gehad nie, geen krag geput uit lyding met genade nie.

Erano irrigiditi dal dolore: dolori nei muscoli, nelle ossa e nel cuore.

Hulle was styf van pyn—pyn in hulle spiere, bene en harte.

Per questo motivo, divennero taglienti nella lingua e pronti a pronunciare parole dure.

As gevolg hiervan het hulle skerp van tong geword en vinnig met harde woorde.

Ogni giorno iniziava e finiva con voci arrabbiate e lamentele amare.

Elke dag het begin en geëindig met kwaai stemme en bittere klagtes.

Charles e Hal litigavano ogni volta che Mercedes ne dava loro l'occasione.

Charles en Hal het gestry wanneer Mercedes hulle 'n kans gegee het.

Ogni uomo credeva di aver fatto più del dovuto.

Elke man het geglo dat hy meer as sy regverdige deel van die werk gedoen het.

Nessuno dei due ha mai perso l'occasione di dirlo, ancora e ancora.

Nie een van hulle het ooit 'n kans laat verbygaan om dit oor en oor te sê nie.

A volte Mercedes si schierava con Charles, a volte con Hal.

Soms het Mercedes die kant van Charles gekies, soms die kant van Hal.

Ciò portò a una grande e infinita lite tra i tre.

Dit het gelei tot 'n groot en eindelose rusie tussen die drie.

La disputa su chi dovesse tagliare la legna da ardere divenne incontrollabile.

'n Geskil oor wie brandhout moes kap, het buite beheer geraak.

Ben presto vennero nominati padri, madri, cugini e parenti defunti.

Gou is vaders, moeders, neefs en niggies en oorlede familielede by name genoem.

Le opinioni di Hal sull'arte o sulle opere teatrali di suo zio divennero parte della lotta.

Hal se sienings oor kuns of sy oom se toneelstukke het deel van die stryd geword.

Anche le convinzioni politiche di Carlo entrarono nel dibattito.

Charles se politieke oortuigings het ook die debat betree.

Per Mercedes, perfino i pettegolezzi della sorella del marito sembravano rilevanti.
Vir Mercedes het selfs haar man se suster se skinderstories relevant gelyk.

Espresse la sua opinione su questo e su molti dei difetti della famiglia di Charles.
Sy het menings daaroor en oor baie van Charles se familie se foute gelug.

Mentre discutevano, il fuoco rimase spento e l'accampamento mezzo allestito.
Terwyl hulle gestry het, het die vuur doodgebly en die kamp halfpad gebou.

Nel frattempo i cani erano rimasti infreddoliti e senza cibo.
Intussen het die honde koud en sonder kos gebly.

Mercedes nutriva un risentimento che considerava profondamente personale.
Mercedes het 'n grief gehad wat sy as baie persoonlik beskou het.

Si sentiva maltrattata in quanto donna e le venivano negati i suoi gentili privilegi.
Sy het as vrou mishandel gevoel, haar sagte voorregte ontsê.

Era carina e gentile, e per tutta la vita era stata abituata alla cavalleria.
Sy was mooi en sag, en haar hele lewe lank ridderlik.

Ma suo marito e suo fratello ora la trattavano con impazienza.
Maar haar man en broer het haar nou met ongeduld behandel.

Aveva l'abitudine di comportarsi in modo impotente e loro cominciarono a lamentarsi.
Haar gewoonte was om hulpeloos op te tree, en hulle het begin kla.

Offesa da ciò, rese loro la vita ancora più difficile.
Aanstoot geneem hierdeur, het sy hul lewens al hoe moeiliker gemaak.

Ignorò i cani e insistette per guidare lei stessa la slitta.
Sy het die honde geïgnoreer en daarop aangedring om self die slee te ry.

Sebbene sembrasse esile, pesava centoventi libbre (circa quaranta chili).
Alhoewel sy lig van voorkoms was, het sy honderd-en-twintig pond geweeg.
Quel peso aggiuntivo era troppo per i cani affamati e deboli.
Daardie ekstra las was te veel vir die honger, swak honde.
Nonostante ciò, continuò a cavalcare per giorni, finché i cani non crollarono nelle redini.
Tog het sy dae lank gery, totdat die honde in die teuels ineengestort het.
La slitta si fermò e Charles e Hal la implorarono di proseguire a piedi.
Die slee het stilgestaan, en Charles en Hal het haar gesmeek om te loop.
Loro la implorarono e la scongiurarono, ma lei pianse e li definì crudeli.
Hulle het gesmeek en gebid, maar sy het geween en hulle wreed genoem.
In un'occasione, la tirarono giù dalla slitta con pura forza e rabbia.
By een geleentheid het hulle haar met pure krag en woede van die slee afgetrek.
Dopo quello che accadde quella volta non ci riprovarono più.
Hulle het nooit weer probeer na wat destyds gebeur het nie.
Si accasciò come una bambina viziata e si sedette nella neve.
Sy het slap geword soos 'n bederfde kind en in die sneeu gaan sit.
Continuarono a muoversi, ma lei si rifiutò di alzarsi o di seguirli.
Hulle het aangegaan, maar sy het geweier om op te staan of agter haar te volg.
Dopo tre miglia si fermarono, tornarono indietro e la riportarono indietro.
Na drie myl het hulle gestop, teruggekeer en haar teruggedra.
La ricaricarono sulla slitta, usando ancora una volta la forza bruta.

Hulle het haar weer op die slee gelaai, weer eens met brute krag.

Nella loro profonda miseria, erano insensibili alla sofferenza dei cani.

In hul diepe ellende was hulle gevoelloos teenoor die honde se lyding.

Hal credeva che fosse necessario indurirsi e impose questa convinzione agli altri.

Hal het geglo dat 'n mens verhard moet word en het daardie oortuiging op ander afgedwing.

Inizialmente ha cercato di predicare la sua filosofia a sua sorella

Hy het eers probeer om sy filosofie aan sy suster te verkondig

e poi, senza successo, predicò al cognato.

en toe, sonder sukses, het hy vir sy swaer gepreek.

Ebbe più successo con i cani, ma solo perché li ferì.

Hy het meer sukses met die honde gehad, maar net omdat hy hulle seergemaak het.

Da Five Fingers, il cibo per cani è rimasto completamente vuoto.

By Five Fingers het die hondekos heeltemal opgeraak.

Una vecchia squaw sdentata vendette qualche chilo di pelle di cavallo congelata

'n Tandlose ou squat het 'n paar pond bevrore perdevel verkoop

Hal scambiò la sua pistola con la pelle di cavallo secca.

Hal het sy rewolwer vir die gedroogde perdevel verruil.

La carne proveniva dai cavalli affamati di allevatori di bovini, morti mesi prima.

Die vleis het maande tevore van uitgehongerde perde of beesboere gekom.

Congelata, la pelle era come ferro zincato: dura e immangiabile.

Bevrore, die vel was soos gegalvaniseerde yster; taai en oneetbaar.

Per riuscire a mangiarla, i cani dovevano masticare la pelle senza sosta.

Die honde moes eindeloos aan die vel kou om dit te eet.
Ma le corde coriacee e i peli corti non erano certo un nutrimento.
Maar die leeragtige snare en kort hare was nouliks voeding.
La maggior parte della pelle era irritante e non era cibo in senso stretto.
Meeste van die vel was irriterend, en nie kos in enige ware sin van die woord nie.
E nonostante tutto, Buck barcollava davanti a tutti, come in un incubo.
En deur dit alles het Buck voor gestruikel, soos in 'n nagmerrie.
Quando poteva, tirava; quando non poteva, restava lì finché non veniva sollevato dalla frusta o dal bastone.
Hy het getrek wanneer hy kon; wanneer hy nie kon nie, het hy gelê totdat die sweep of knuppel hom opgelig het.
Il suo pelo fine e lucido aveva perso tutta la rigidità e la lucentezza di un tempo.
Sy fyn, blink pels het al die styfheid en glans wat dit eens gehad het, verloor.
I suoi capelli erano flosci, spettinati e pieni di sangue rappreso a causa dei colpi.
Sy hare het slap, gesleep en vol gedroogde bloed van die houe gehang.
I suoi muscoli si ridussero a midolli e i cuscinetti di carne erano tutti consumati.
Sy spiere het tot toue gekrimp, en sy vleiskussings was almal weggeslyt.
Ogni costola, ogni osso erano chiaramente visibili attraverso le pieghe della pelle rugosa.
Elke rib, elke been, het duidelik deur die voue van die gekreukelde vel geskyn.
Fu straziante, ma il cuore di Buck non riuscì a spezzarsi.
Dit was hartverskeurend, maar Buck se hart kon nie breek nie.
L'uomo con il maglione rosso lo aveva testato e dimostrato molto tempo prima.
Die man in die rooi trui het dit lankal getoets en bewys.

Così come accadde a Buck, accadde anche a tutti i suoi compagni di squadra rimasti.
Soos dit met Buck was, so was dit met al sy oorblywende spanmaats.
Ce n'erano sette in totale, ognuno uno scheletro ambulante di miseria.
Daar was altesaam sewe, elkeen 'n wandelende geraamte van ellende.
Erano diventati insensibili alle fruste e sentivano solo un dolore distante.
Hulle het gevoelloos geword om te sweep, en het net vae pyn gevoel.
Anche la vista e i suoni li raggiungevano debolmente, come attraverso una fitta nebbia.
Selfs sig en klank het hulle vaagweg bereik, soos deur 'n digte mis.
Non erano mezzi vivi: erano ossa con deboli scintille al loro interno.
Hulle was nie half lewendig nie—hulle was bene met dowwe vonke binne.
Una volta fermati, crollarono come cadaveri, con le scintille quasi del tutto spente.
Toe hulle gestop het, het hulle soos lyke ineengestort, hul vonke amper weg.
E quando la frusta o il bastone colpivano di nuovo, le scintille sfarfallavano debolmente.
En toe die sweep of knuppel weer slaan, het die vonke swak gefladder.
Poi si alzarono, barcollarono in avanti e trascinarono le loro membra in avanti.
Toe het hulle opgestaan, vorentoe gestruikel en hul ledemate vorentoe gesleep.
Un giorno il gentile Billee cadde e non riuscì più a rialzarsi.
Eendag het die vriendelike Billee geval en kon glad nie meer opstaan nie.
Hal aveva scambiato la sua pistola con quella di Billee, così decise di ucciderla con un'ascia.

Hal het sy rewolwer verruil, so hy het eerder 'n byl gebruik om Billee dood te maak.

Lo colpì alla testa, poi gli tagliò il corpo e lo trascinò via.

Hy het hom op die kop geslaan, toe sy liggaam losgesny en dit weggesleep.

Buck se ne accorse, e così fecero anche gli altri: sapevano che la morte era vicina.

Buck het dit gesien, en die ander ook; hulle het geweet die dood was naby.

Il giorno dopo Koona se ne andò, lasciando solo cinque cani nel gruppo affamato.

Die volgende dag het Koona gegaan en net vyf honde in die uitgehongerde span agtergelaat.

Joe, non più cattivo, era ormai troppo fuori di sé per rendersi conto di nulla.

Joe, nie meer gemeen nie, was te ver heen om hoegenaamd van veel bewus te wees.

Pike, ormai non fingeva più di essere ferito, era appena cosciente.

Pike, wat nie meer voorgegee het dat hy beseer is nie, was skaars by sy bewussyn.

Solleks, ancora fedele, si rammaricava di non avere più la forza di dare.

Solleks, steeds getrou, het getreur dat hy geen krag gehad het om te gee nie.

Teek fu battuto più di tutti perché era più fresco, ma stava calando rapidamente.

Teek is die meeste geslaan omdat hy varser was, maar vinnig vervaag het.

E Buck, ancora in testa, non mantenne più l'ordine né lo fece rispettare.

En Buck, steeds aan die voorpunt, het nie meer orde gehandhaaf of afgedwing nie.

Mezzo accecato dalla debolezza, Buck seguì la pista solo a tentoni.

Halfblind van swakheid, het Buck die spoor alleen op gevoel gevolg.

Era una bellissima primavera, ma nessuno di loro se ne accorse.
Dit was pragtige lenteweer, maar niemand van hulle het dit opgemerk nie.

Ogni giorno il sole sorgeva prima e tramontava più tardi.
Elke dag het die son vroeër opgekom en later ondergegaan as voorheen.

Alle tre del mattino era già spuntata l'alba; il crepuscolo durò fino alle nove.
Teen drie-uur die oggend het die dagbreek aangebreek; die skemer het tot nege-uur geduur.

Le lunghe giornate erano illuminate dal sole primaverile.
Die lang dae was gevul met die volle gloed van lentesonskyn.

Il silenzio spettrale dell'inverno si era trasformato in un caldo mormorio.
Die spookagtige stilte van die winter het verander in 'n warm gemompel.

Tutta la terra si stava svegliando, animata dalla gioia degli esseri viventi.
Die hele land het wakker geword, lewendig met die vreugde van lewende dinge.

Il suono proveniva da ciò che era rimasto morto e immobile per tutto l'inverno.
Die geluid het gekom van wat dood en stil deur die winter gelê het.

Ora quelle cose si mossero di nuovo, scrollandosi di dosso il lungo sonno del gelo.
Nou het daardie dinge weer beweeg, en die lang ryp slaap afgeskud.

La linfa saliva attraverso i tronchi scuri dei pini in attesa.
Sap het deur die donker stamme van die wagtende dennebome gestyg.

Salici e pioppi tremuli fanno sbocciare giovani gemme luminose su ogni ramoscello.
Wilgers en espe bars helder jong knoppe aan elke takkie uit.

Arbusti e viti si tingono di un verde fresco mentre il bosco si anima.

Struike en wingerdstokke het vars groen aangetrek toe die woude lewendig geword het.

Di notte i grilli cantavano e di giorno gli insetti strisciavano nella luce del sole.

Krieke het snags getjirp, en goggas het in die dagligson gekruip.

Le pernici gridavano e i picchi picchiavano in profondità tra gli alberi.

Patryse het gedreun, en houtkappers het diep in die bome geklop.

Gli scoiattoli chiacchieravano, gli uccelli cantavano e le oche starnazzavano per richiamare l'attenzione dei cani.

Eekhorings het gesels, voëls het gesing, en ganse het oor die honde getoeter.

Gli uccelli selvatici arrivavano a cunei affilati, volando in alto da sud.

Die wilde voëls het in skerp wiggies gekom, opgevlieg uit die suide.

Da ogni pendio giungeva la musica di ruscelli nascosti e impetuosi.

Van elke heuwelhang het die musiek van verborge, ruisende strome gekom.

Tutto si scongelava e si spezzava, si piegava e ricominciava a muoversi.

Alles het ontdooi en gebreek, gebuig en weer in beweging gekom.

Lo Yukon si sforzò di spezzare le fredde catene del ghiaccio ghiacciato.

Die Yukon het gesukkel om die koue kettings van bevrore ys te breek.

Il ghiaccio si scioglieva sotto, mentre il sole lo scioglieva dall'alto.

Die ys het onder gesmelt, terwyl die son dit van bo af gesmelt het.

Si aprirono dei buchi, si allargarono delle crepe e dei pezzi caddero nel fiume.

Luggate het oopgegaan, krake het versprei, en stukke het in die rivier geval.

In mezzo a tutta questa vita sfrenata e sfrenata, i viaggiatori barcollavano.

Te midde van al hierdie barsende en brandende lewe het die reisigers gestruikel.

Due uomini, una donna e un branco di husky camminavano come morti.

Twee mans, 'n vrou en 'n trop husky's het soos dooies geloop.

I cani cadevano, Mercedes piangeva, ma continuava a guidare la slitta.

Die honde het geval, Mercedes het gehuil, maar het steeds op die slee gery.

Hal imprecò debolmente e Charles sbatté le palpebre con gli occhi lacrimanti.

Hal het swak gevloek, en Charles het deur traanende oë geknipper.

Si imbatterono nell'accampamento di John Thornton, nei pressi della foce del White River.

Hulle het John Thornton se kamp by die monding van White River binnegestrompel.

Quando si fermarono, i cani caddero a terra, come se fossero stati tutti colpiti a morte.

Toe hulle stop, het die honde plat geval, asof almal doodgeslaan het.

Mercedes si asciugò le lacrime e guardò John Thornton.

Mercedes het haar trane afgevee en na John Thornton gekyk.

Charles si sedette su un tronco, lentamente e rigidamente, dolorante per il sentiero.

Charles het stadig en styf op 'n stomp gesit, pynlik van die paadjie.

Hal parlava mentre Thornton intagliava l'estremità del manico di un'ascia.

Hal het die praatwerk gedoen terwyl Thornton die punt van 'n bylsteel gekerf het.

Tagliò il legno di betulla e rispose con frasi brevi e decise.

Hy het berkehout gekap en met kort, ferm antwoorde geantwoord.

Quando gli veniva chiesto, dava un consiglio, certo che non sarebbe stato seguito.

Toe hy gevra is, het hy raad gegee, seker dat dit nie gevolg sou word nie.

Hal spiegò: "Ci avevano detto che il ghiaccio lungo la pista si stava staccando".

Hal het verduidelik: "Hulle het vir ons gesê die ys op die roete val weg."

"Ci avevano detto che dovevamo restare fermi, ma siamo arrivati a White River."

"Hulle het gesê ons moet bly waar ons is—maar ons het dit tot by Witrivier gemaak."

Concluse con un tono beffardo, come per cantare vittoria nelle difficoltà.

Hy het met 'n spottende toon afgesluit, asof hy oorwinning in ontbering wou eis.

"E ti hanno detto la verità", rispose John Thornton a bassa voce ad Hal.

"En hulle het jou die waarheid vertel," het John Thornton stil vir Hal geantwoord.

"Il ghiaccio potrebbe cedere da un momento all'altro: è pronto a staccarsi."

"Die ys kan enige oomblik meegee—dit is gereed om af te val."

"Solo la fortuna cieca e gli sciocchi avrebbero potuto arrivare vivi fin qui."

"Slegs blinde geluk en dwase kon dit so ver gemaak het."

"Te lo dico senza mezzi termini: non rischierei la vita per tutto l'oro dell'Alaska."

"Ek sê vir jou reguit, ek sou nie my lewe waag vir al Alaska se goud nie."

"Immagino che tu non sia uno stupido", rispose Hal.

"Dis omdat jy nie 'n dwaas is nie, neem ek aan," het Hal geantwoord.

"Comunque, andiamo avanti con Dawson." Srotolò la frusta.

"Tog gaan ons aan na Dawson." Hy het sy sweep afgerol.

"Sali, Buck! Ehi! Alzati! Forza!" urlò con voce roca.

"Klim op daar, Buck! Haai! Staan op! Gaan aan!" het hy hard geskree.

Thornton continuò a intagliare, sapendo che gli sciocchi non volevano sentire ragioni.

Thornton het aanhou skraap, wetende dat dwase nie na rede sal luister nie.

Fermare uno stupido era inutile, e due o tre stupidi non cambiavano nulla.

Om 'n dwaas te keer was tevergeefs — en twee of drie dwase het niks verander nie.

Ma la squadra non si mosse al suono del comando di Hal.

Maar die span het nie beweeg op die geluid van Hal se bevel nie.

Ormai solo i colpi potevano farli sollevare e avanzare.

Teen hierdie tyd kon slegs houe hulle laat opstaan en vorentoe trek.

La frusta schioccava ripetutamente sui cani indeboliti.

Die sweep het oor en oor die verswakte honde geklap.

John Thornton strinse forte le labbra e osservò in silenzio.

John Thornton het sy lippe styf vasgedruk en in stilte gekyk.

Solleks fu il primo a rialzarsi sotto la frusta.

Solleks was die eerste wat onder die sweep orent gekruip het.

Poi Teek lo seguì, tremando. Joe urlò mentre barcollava.

Toe volg Teek, bewerig. Joe gil toe hy opstapel.

Pike cercò di alzarsi, fallì due volte, poi alla fine si rialzò barcollando.

Pike het probeer opstaan, twee keer misluk, en toe uiteindelik onvas gestaan.

Ma Buck rimase lì dov'era caduto, senza muoversi affatto.

Maar Buck het gelê waar hy geval het, glad nie hierdie keer beweeg nie.

La frusta lo colpì più volte, ma lui non emise alcun suono.

Die sweep het hom oor en oor geslaan, maar hy het geen geluid gemaak nie.

Lui non sussultò né oppose resistenza, rimase semplicemente immobile e in silenzio.
Hy het nie teruggedeins of weerstand gebied nie, maar eenvoudig stil en stil gebly.

Thornton si mosse più di una volta, come per dire qualcosa, ma non lo fece.
Thornton het meer as een keer geroer, asof hy wou praat, maar het nie.

I suoi occhi si inumidirono, ma la frusta continuava a schioccare contro Buck.
Sy oë het nat geword, en die sweep het steeds teen Buck geklap.

Alla fine Thornton cominciò a camminare lentamente, incerto sul da farsi.
Uiteindelik het Thornton stadig begin loop, onseker oor wat om te doen.

Era la prima volta che Buck falliva e Hal si infuriò.
Dit was die eerste keer dat Buck misluk het, en Hal het woedend geword.

Gettò via la frusta e prese al suo posto il pesante manganello.
Hy het die sweep neergegooi en eerder die swaar knuppel opgetel.

La mazza di legno colpì con violenza, ma Buck non si alzò per muoversi.
Die houtknuppel het hard neergekom, maar Buck het steeds nie opgestaan om te beweeg nie.

Come i suoi compagni di squadra, era troppo debole, ma non solo.
Soos sy spanmaats, was hy te swak—maar meer as dit.

Buck aveva deciso di non muoversi, qualunque cosa accadesse.
Buck het besluit om nie te trek nie, maak nie saak wat volgende gebeur nie.

Sentì qualcosa di oscuro e sicuro incombere proprio davanti a sé.
Hy het iets donker en seker net voor hom gevoel.

Quel terrore lo aveva colto non appena aveva raggiunto la riva del fiume.
Daardie vrees het hom beetgepak sodra hy die rivieroewer bereik het.
Quella sensazione non lo aveva abbandonato da quando aveva sentito il ghiaccio assottigliarsi sotto le zampe.
Die gevoel het hom nie verlaat vandat hy die ys dun onder sy pote gevoel het nie.
Qualcosa di terribile lo stava aspettando: lo sentiva proprio lungo il sentiero.
Iets verskrikliks het gewag—hy het dit net langs die paadjie gevoel.
Non avrebbe camminato verso quella cosa terribile davanti a lui
Hy sou nie na daardie verskriklike ding voor hom stap nie.
Non avrebbe obbedito a nessun ordine che lo avrebbe condotto a quella cosa.
Hy sou geen bevel gehoorsaam wat hom na daardie ding gelei het nie.
Ormai il dolore dei colpi non lo sfiorava più: era troppo stanco.
Die pyn van die houe het hom nou skaars geraak—hy was te ver heen.
La scintilla della vita tremolava lentamente, affievolita da ogni colpo crudele.
Die vonk van die lewe het laag geflikker, dof onder elke wrede hou.
Gli arti gli sembravano distanti; tutto il corpo sembrava appartenere a un altro.
Sy ledemate het ver weg gevoel; sy hele liggaam het gelyk of dit aan 'n ander behoort.
Sentì uno strano torpore mentre il dolore scompariva completamente.
Hy het 'n vreemde gevoelloosheid gevoel toe die pyn heeltemal verdwyn het.
Da lontano, sentiva che lo stavano picchiando, ma non se ne rendeva conto.

Van ver af het hy aangevoel dat hy geslaan word, maar hy het skaars geweet.

Poteva udire debolmente i tonfi, ma ormai non gli facevano più male.

Hy kon die dowwe geluide vaagweg hoor, maar hulle het nie meer regtig seergemaak nie.

I colpi andarono a segno, ma il suo corpo non sembrava più il suo.

Die houe het getref, maar sy liggaam het nie meer soos sy eie gevoel nie.

Poi, all'improvviso, senza alcun preavviso, John Thornton lanciò un grido selvaggio.

Toe skielik, sonder waarskuwing, het John Thornton 'n wilde kreet gegee.

Era inarticolato, più il grido di una bestia che di un uomo.

Dit was onartikulêr, meer die geroep van 'n dier as van 'n mens.

Si lanciò sull'uomo con la mazza e fece cadere Hal all'indietro.

Hy het na die man met die knuppel gespring en Hal agteroor geslaan.

Hal volò come se fosse stato colpito da un albero, atterrando pesantemente al suolo.

Hal het gevlieg asof hy deur 'n boom getref is en hard op die grond geland.

Mercedes urlò a gran voce in preda al panico e si portò le mani al viso.

Mercedes het hardop in paniek geskree en na haar gesig gegryp.

Charles si limitò a guardare, si asciugò gli occhi e rimase seduto.

Charles het net toegekyk, sy oë afgevee en bly sit.

Il suo corpo era troppo irrigidito dal dolore per alzarsi o contribuire alla lotta.

Sy liggaam was te styf van pyn om op te staan of in die geveg te help.

Thornton era in piedi davanti a Buck, tremante di rabbia, incapace di parlare.
Thornton het oor Buck gestaan, bewerig van woede, nie in staat om te praat nie.
Tremava di rabbia e lottò per trovare la voce.
Hy het van woede gebewe en gesukkel om sy stem daardeur te vind.
"Se colpisci ancora quel cane, ti uccido", disse infine.
"As jy daardie hond weer slaan, sal ek jou doodmaak," het hy uiteindelik gesê.
Hal si asciugò il sangue dalla bocca e tornò avanti.
Hal het bloed van sy mond afgevee en weer vorentoe gekom.
"È il mio cane", borbottò. "Togliti di mezzo o ti sistemo io."
"Dis my hond," het hy gemompel. "Gaan uit die pad uit, anders maak ek jou reg."
"Vado da Dawson e tu non mi fermerai", ha aggiunto.
"Ek gaan na Dawson, en jy keer my nie," het hy bygevoeg.
Thornton si fermò tra Buck e il giovane arrabbiato.
Thornton het ferm tussen Buck en die kwaai jongman gestaan.
Non aveva alcuna intenzione di farsi da parte o di lasciar passare Hal.
Hy het geen voorneme gehad om opsy te tree of Hal te laat verbygaan nie.
Hal tirò fuori il suo coltello da caccia, lungo e pericoloso nella sua mano.
Hal het sy jagmes uitgehaal, lank en gevaarlik in die hand.
Mercedes urlò, poi pianse, poi rise in preda a un'isteria selvaggia.
Mercedes het geskree, toe gehuil, toe in wilde histerie gelag.
Thornton colpì la mano di Hal con il manico dell'ascia, con forza e rapidità.
Thornton het Hal se hand met sy bylsteel geslaan, hard en vinnig.
Il coltello si liberò dalla presa di Hal e volò a terra.
Die mes is uit Hal se greep losgeslaan en het grond toe geval.
Hal cercò di raccogliere il coltello, ma Thornton gli batté di nuovo le nocche.

Hal het probeer om die mes op te tel, en Thornton het weer op sy kneukels geklop.

Poi Thornton si chinò, afferrò il coltello e lo tenne fermo.
Toe buk Thornton vooroor, gryp die mes en hou dit vas.

Con due rapidi colpi del manico dell'ascia, tagliò le redini di Buck.
Met twee vinnige houe van die bylsteel het hy Buck se teuels afgesny.

Hal non aveva più voglia di combattere e si allontanò dal cane.
Hal het geen stryd meer in hom gehad nie en het van die hond teruggetree.

Inoltre, ora Mercedes aveva bisogno di entrambe le braccia per restare in piedi.
Boonop het Mercedes nou albei arms nodig gehad om haar regop te hou.

Buck era troppo vicino alla morte per poter nuovamente tirare la slitta.
Buck was te naby aan die dood om weer van nut te wees om 'n slee te trek.

Pochi minuti dopo, ripartirono, dirigendosi verso il fiume.
'n Paar minute later het hulle uitgetrek, met die rivier af.

Buck sollevò debolmente la testa e li guardò lasciare la banca.
Buck het sy kop swak opgelig en gekyk hoe hulle die bank verlaat.

Pike guidava la squadra, con Solleks dietro al volante.
Pike het die span gelei, met Solleks agter in die wielposisie.

Joe e Teek camminavano in mezzo, zoppicando entrambi per la stanchezza.
Joe en Teek het tussenin geloop, albei mank van uitputting.

Mercedes si sedette sulla slitta e Hal afferrò la lunga pertica.
Mercedes het op die slee gesit, en Hal het die lang gee-stok vasgegryp.

Charles barcollava dietro di lui, con passi goffi e incerti.
Charles het agteruit gestruikel, sy treë lomp en onseker.

Thornton si inginocchiò accanto a Buck e tastò delicatamente per vedere se aveva ossa rotte.
Thornton het langs Buck gekniel en saggies vir gebreekte bene gevoel.
Le sue mani erano ruvide, ma si muovevano con gentilezza e cura.
Sy hande was grof, maar het met vriendelikheid en sorg beweeg.
Il corpo di Buck era pieno di lividi, ma non presentava lesioni permanenti.
Buck se liggaam was gekneus, maar het geen blywende beserings getoon nie.
Ciò che restava era una fame terribile e una debolezza quasi totale.
Wat oorgebly het, was verskriklike honger en byna totale swakheid.
Quando la situazione fu più chiara, la slitta era già andata molto a valle.
Teen die tyd dat dit duidelik was, het die slee al ver stroomaf gegaan.
L'uomo e il cane osservavano la slitta avanzare lentamente sul ghiaccio che si rompeva.
Man en hond het gekyk hoe die slee stadig oor die krakende ys kruip.
Poi videro la slitta sprofondare in una cavità.
Toe sien hulle hoe die slee in 'n holte wegsink.
La pertica volò in alto, ma Hal vi si aggrappò ancora invano.
Die gee-paal het opgevlieg, met Hal wat steeds tevergeefs daaraan vasklou.
L'urlo di Mercedes li raggiunse attraverso la fredda distanza.
Mercedes se gil het hulle oor die koue verte bereik.
Charles si voltò e fece un passo indietro, ma era troppo tardi.
Charles het omgedraai en teruggetree—maar hy was te laat.
Un'intera calotta di ghiaccio cedette e tutti precipitarono.
'n Hele ysplaat het meegegee, en hulle het almal deurgeval.
Cani, slitte e persone scomparvero nelle acque nere sottostanti.

Honde, sleeë en mense het in die swart water onder verdwyn.
Nel punto in cui erano passati era rimasto solo un largo buco nel ghiaccio.
Net 'n wye gat in die ys het oorgebly waar hulle verbygegaan het.
Il fondo del sentiero era crollato, proprio come aveva previsto Thornton.
Die roete se bodem het uitgeval—net soos Thornton gewaarsku het.
Thornton e Buck si guardarono l'un l'altro, in silenzio per un momento.
Thornton en Buck het mekaar vir 'n oomblik stil aangekyk.
"Povero diavolo", disse Thornton dolcemente, e Buck gli leccò la mano.
"Jou arme duiwel," het Thornton saggies gesê, en Buck het sy hand gelek.

Per amore di un uomo
Vir die liefde van 'n man

John Thornton si congelò i piedi per il freddo del dicembre precedente.
John Thornton het sy voete gevries in die koue van die vorige Desember.
I suoi compagni lo fecero sentire a suo agio e lo lasciarono guarire da solo.
Sy vennote het hom gemaklik gemaak en hom alleen gelaat om te herstel.
Risalirono il fiume per raccogliere una zattera di tronchi da sega per Dawson.
Hulle het die rivier opgegaan om 'n vlot saagstompe vir Dawson bymekaar te maak.
Zoppicava ancora leggermente quando salvò Buck dalla morte.
Hy het nog effens mank geloop toe hy Buck van die dood gered het.
Ma con il persistere del caldo, anche quella zoppia è scomparsa.
Maar met die warm weer wat voortduur, het selfs daardie mankheid verdwyn.
Sdraiato sulla riva del fiume durante le lunghe giornate primaverili, Buck si riposò.
Terwyl hy gedurende lang lentedae langs die rivieroewer gelê het, het Buck gerus.
Osservava l'acqua che scorreva e ascoltava gli uccelli e gli insetti.
Hy het die vloeiende water dopgehou en na voëls en insekte geluister.
Lentamente Buck riacquistò le forze sotto il sole e il cielo.
Stadig het Buck sy krag onder die son en lug herwin.
Dopo aver viaggiato tremila miglia, riposarsi è stato meraviglioso.
'n Rus het wonderlik gevoel na drieduisend myl se reis.

Buck diventò pigro man mano che le sue ferite guarivano e il suo corpo si riempiva.
Buck het lui geword soos sy wonde genees het en sy liggaam vol geword het.
I suoi muscoli si rassodarono e la carne tornò a ricoprire le sue ossa.
Sy spiere het stewig geword, en vlees het teruggekeer om sy bene te bedek.
Stavano tutti riposando: Buck, Thornton, Skeet e Nig.
Hulle het almal gerus — Buck, Thornton, Skeet en Nig.
Aspettarono la zattera che li avrebbe portati a Dawson.
Hulle het gewag vir die vlot wat hulle na Dawson sou dra.
Skeet era un piccolo setter irlandese che fece amicizia con Buck.
Skeet was 'n klein Ierse setter wat vriende gemaak het met Buck.
Buck era troppo debole e malato per resisterle al loro primo incontro.
Buck was te swak en siek om haar tydens hul eerste ontmoeting te weerstaan.
Skeet aveva la caratteristica di guaritore che alcuni cani possiedono per natura.
Skeet het die geneserstrek gehad wat sommige honde natuurlik besit.
Come una gatta, leccò e pulì le ferite aperte di Buck.
Soos 'n moederkat het sy Buck se rou wonde gelek en skoongemaak.
Ogni mattina, dopo colazione, ripeteva il suo attento lavoro.
Elke oggend na ontbyt het sy haar noukeurige werk herhaal.
Buck finì per aspettarsi il suo aiuto tanto quanto quello di Thornton.
Buck het haar hulp net soveel verwag as Thornton s'n.
Anche Nig era amichevole, ma meno aperto e meno affettuoso.
Nig was ook vriendelik, maar minder oop en minder liefdevol.
Nig era un grosso cane nero, in parte segugio e in parte levriero.

Nig was 'n groot swart hond, deels bloedhond en deels herthond.
Aveva occhi sorridenti e un'infinita bontà d'animo.
Hy het laggende oë en 'n eindelose goeie geaardheid in sy gees gehad.
Con sorpresa di Buck, nessuno dei due cani mostrò gelosia nei suoi confronti.
Tot Buck se verbasing het nie een van die honde jaloesie teenoor hom getoon nie.
Sia Skeet che Nig condividevano la gentilezza di John Thornton.
Beide Skeet en Nig het die vriendelikheid van John Thornton gedeel.
Man mano che Buck diventava più forte, lo attiravano in stupidi giochi da cani.
Soos Buck sterker geword het, het hulle hom in dwase hondespeletjies gelok.
Anche Thornton giocava spesso con loro, incapace di resistere alla loro gioia.
Thornton het ook dikwels saam met hulle gespeel, nie in staat om hul vreugde te weerstaan nie.
In questo modo giocoso, Buck passò dalla malattia a una nuova vita.
Op hierdie speelse manier het Buck van siekte na 'n nuwe lewe oorgegaan.
L'amore, quello vero, ardente e passionale, era finalmente suo.
Liefde — ware, brandende en passievolle liefde — was uiteindelik syne.
Non aveva mai conosciuto questo tipo di amore nella tenuta di Miller.
Hy het nog nooit hierdie soort liefde op Miller se landgoed geken nie.
Con i figli del giudice aveva condiviso lavoro e avventure.
Met die Regter se seuns het hy werk en avontuur gedeel.
Nei nipoti notò un orgoglio rigido e vanitoso.
By die kleinseuns het hy stywe en grootpraterige trots gesien.

Con lo stesso giudice Miller aveva un rapporto di rispettosa amicizia.
Met Regter Miller self het hy 'n respekvolle vriendskap gehad.
Ma l'amore che era fuoco, follia e adorazione era ciò che accadeva con Thornton.
Maar liefde wat vuur, waansin en aanbidding was, het saam met Thornton gekom.
Quest'uomo aveva salvato la vita di Buck, e questo di per sé significava molto.
Hierdie man het Buck se lewe gered, en dit alleen het baie beteken.
Ma più di questo, John Thornton era il tipo ideale di maestro.
Maar meer as dit, was John Thornton die ideale soort meester.
Altri uomini si prendevano cura dei cani per dovere o per necessità lavorative.
Ander mans het uit plig of sakebehoeftes na honde omgesien.
John Thornton si prendeva cura dei suoi cani come se fossero figli.
John Thornton het vir sy honde gesorg asof hulle sy kinders was.
Si prendeva cura di loro perché li amava e semplicemente non poteva farne a meno.
Hy het vir hulle omgegee omdat hy hulle liefgehad het en dit eenvoudig nie kon help nie.
John Thornton vide molto più lontano di quanto la maggior parte degli uomini riuscisse mai a vedere.
John Thornton het selfs verder gesien as wat die meeste mans ooit kon sien.
Non dimenticava mai di salutarli gentilmente o di pronunciare una parola di incoraggiamento.
Hy het nooit vergeet om hulle vriendelik te groet of 'n opbeurende woordjie te spreek nie.
Amava sedersi con i cani per fare lunghe chiacchierate, o "gassy", come diceva lui.
Hy was mal daaroor om saam met die honde te sit vir lang gesprekke, of "gassig", soos hy gesê het.

Gli piaceva afferrare bruscamente la testa di Buck tra le sue mani forti.
Hy het daarvan gehou om Buck se kop ruweg tussen sy sterk hande te gryp.
Poi appoggiò la testa contro quella di Buck e lo scosse delicatamente.
Toe het hy sy eie kop teen Buck s'n laat rus en hom saggies geskud.
Nel frattempo, chiamava Buck con nomi volgari che per lui significavano affetto.
Die hele tyd het hy Buck onbeskofte name genoem wat vir Buck liefde beteken het.
Per Buck, quell'abbraccio rude e quelle parole portarono una gioia profonda.
Vir Buck het daardie growwe omhelsing en daardie woorde diepe vreugde gebring.
A ogni movimento il suo cuore sembrava sussultare di felicità.
Sy hart het met elke beweging losgebewe van geluk.
Quando poi balzò in piedi, la sua bocca sembrava ridere.
Toe hy daarna opspring, het sy mond gelyk asof dit lag.
I suoi occhi brillavano intensamente e la sua gola tremava per una gioia inespressa.
Sy oë het helder geskyn en sy keel het gebewe van onuitgesproke vreugde.
Il suo sorriso rimase immobile in quello stato di emozione e affetto ardente.
Sy glimlag het stilgestaan in daardie toestand van emosie en gloeiende toegeneentheid.
Allora Thornton esclamò pensieroso: "Dio! Riesce quasi a parlare!"
Toe roep Thornton peinsend uit: "God! Hy kan amper praat!"
Buck aveva uno strano modo di esprimere l'amore che quasi gli causava dolore.
Buck het 'n vreemde manier gehad om liefde uit te druk wat amper pyn veroorsaak het.
Spesso stringeva forte la mano di Thornton tra i denti.

Hy het Thornton se hand dikwels baie styf tussen sy tande vasgegryp.

Il morso avrebbe lasciato segni profondi che sarebbero rimasti per qualche tempo.

Die byt sou diep merke laat wat nog 'n rukkie daarna gebly het.

Buck credeva che quei giuramenti fossero amore, e Thornton la pensava allo stesso modo.

Buck het geglo dat daardie ede liefde was, en Thornton het dieselfde geweet.

Il più delle volte, l'amore di Buck si manifestava in un'adorazione silenziosa, quasi silenziosa.

Meestal het Buck se liefde in stil, amper stille aanbidding gewys.

Sebbene fosse emozionato quando veniva toccato o gli si parlava, non cercava attenzione.

Alhoewel hy opgewonde was wanneer hy aangeraak of met hom gepraat is, het hy nie aandag gesoek nie.

Skeet spinse il naso sotto la mano di Thornton finché lui non la accarezzò.

Skeet het haar neus onder Thornton se hand gestamp totdat hy haar gestreel het.

Nig si avvicinò silenziosamente e appoggiò la sua grande testa sulle ginocchia di Thornton.

Nig het stil aangestap en sy groot kop op Thornton se knie laat rus.

Buck, al contrario, si accontentava di amare da una rispettosa distanza.

Buck, daarenteen, was tevrede om van 'n respekvolle afstand lief te hê.

Rimase sdraiato per ore ai piedi di Thornton, vigile e attento.

Hy het ure lank aan Thornton se voete gelê, waaksaam en fyn dopgehou.

Buck studiò ogni dettaglio del volto del suo padrone, perfino il più piccolo movimento.

Buck het elke detail van sy meester se gesig en geringste beweging bestudeer.

Oppure sdraiati più lontano, studiando in silenzio la sagoma dell'uomo.
Of verder weg gelieg, die man se vorm in stilte bestudeer.
Buck osservava ogni piccolo movimento, ogni cambiamento di postura o di gesto.
Buck het elke klein beweging, elke verandering in postuur of gebaar dopgehou.
Questo legame era così potente che spesso catturava lo sguardo di Thornton.
So kragtig was hierdie verbintenis dat dit Thornton se blik dikwels getrek het.
Incontrò lo sguardo di Buck senza dire parole, e il suo amore traspariva chiaramente.
Hy het Buck se oë sonder woorde ontmoet, liefde wat duidelik deurskyn.
Per molto tempo dopo essere stato salvato, Buck non perse mai di vista Thornton.
Vir 'n lang ruk nadat hy gered is, het Buck Thornton nooit uit sig gelaat nie.
Ogni volta che Thornton usciva dalla tenda, Buck lo seguiva da vicino all'esterno.
Wanneer Thornton die tent verlaat het, het Buck hom noukeurig buite gevolg.
Tutti i severi padroni delle Terre del Nord avevano fatto sì che Buck non riuscisse più a fidarsi.
Al die harde meesters in die Noordland het Buck bang gemaak om te vertrou.
Temeva che nessun uomo potesse restare suo padrone se non per un breve periodo.
Hy het gevrees dat geen man vir langer as 'n kort tydjie sy meester kon bly nie.
Temeva che John Thornton sarebbe scomparso come Perrault e François.
Hy het gevrees dat John Thornton sou verdwyn soos Perrault en François.
Anche di notte, la paura di perderlo tormentava il sonno agitato di Buck.

Selfs snags het die vrees om hom te verloor Buck se rustelose slaap teister.

Quando Buck si svegliò, si trascinò fuori al freddo e andò nella tenda.
Toe Buck wakker word, het hy in die koue uitgekruip en na die tent gegaan.

Ascoltò attentamente il leggero suono del suo respiro interiore.
Hy het aandagtig geluister na die sagte geluid van asemhaling binne.

Nonostante il profondo amore di Buck per John Thornton, la natura selvaggia sopravvisse.
Ten spyte van Buck se diep liefde vir John Thornton, het die wildernis aan die lewe gebly.

Quell'istinto primitivo, risvegliatosi nel Nord, non scomparve.
Daardie primitiewe instink, wat in die Noorde ontwaak het, het nie verdwyn nie.

L'amore portava devozione, lealtà e il caldo legame attorno al fuoco.
Liefde het toewyding, lojaliteit en die warm band van die vuurkant gebring.

Ma Buck mantenne anche i suoi istinti selvaggi, acuti e sempre all'erta.
Maar Buck het ook sy wilde instinkte skerp en altyd waaksaam behou.

Non era solo un animale domestico addomesticato proveniente dalle dolci terre della civiltà.
Hy was nie net 'n getemde troeteldier uit die sagte lande van die beskawing nie.

Buck era un essere selvaggio che si era seduto accanto al fuoco di Thornton.
Buck was 'n wilde wese wat ingekom het om by Thornton se vuur te sit.

Sembrava un cane del Southland, ma in lui albergava la natura selvaggia.

Hy het gelyk soos 'n Suidland-hond, maar wildheid het in hom gewoon.

Il suo amore per Thornton era troppo grande per permettersi un furto da parte di quell'uomo.

Sy liefde vir Thornton was te groot om diefstal van die man toe te laat.

Ma in qualsiasi altro campo ruberebbe con audacia e senza esitazione.

Maar in enige ander kamp sou hy dapper en sonder om te pouseer steel.

Era così abile nel rubare che nessuno riusciva a catturarlo o accusarlo.

Hy was so slim met steel dat niemand hom kon vang of beskuldig nie.

Il suo viso e il suo corpo erano coperti di cicatrici dovute a molti combattimenti passati.

Sy gesig en liggaam was bedek met letsels van talle vorige gevegte.

Buck continuava a combattere con ferocia, ma ora lo faceva con maggiore astuzia.

Buck het steeds woes geveg, maar nou het hy met meer listigheid geveg.

Skeet e Nig erano troppo docili per combattere, ed erano di Thornton.

Skeet en Nig was te saggeaard om te veg, en hulle was Thornton s'n.

Ma qualsiasi cane estraneo, non importa quanto forte o coraggioso, cedeva.

Maar enige vreemde hond, maak nie saak hoe sterk of dapper nie, het padgegee.

Altrimenti, il cane si ritrovò a combattere contro Buck, lottando per la propria vita.

Andersins het die hond homself bevind in die stryd teen Buck; veg vir sy lewe.

Buck non ebbe pietà quando decise di combattere contro un altro cane.

Buck het geen genade gehad toe hy gekies het om teen 'n ander hond te veg nie.

Aveva imparato bene la legge del bastone e della zanna nel Nord.

Hy het die wet van knuppel en slagtand in die Noordland goed geleer.

Non ha mai rinunciato a un vantaggio e non si è mai tirato indietro dalla battaglia.

Hy het nooit 'n voordeel prysgegee nie en nooit van die geveg teruggedeins nie.

Aveva studiato Spitz e i cani più feroci della polizia e della posta.

Hy het Spitz en die felste honde van pos en polisie bestudeer.

Sapeva chiaramente che non esisteva via di mezzo in un combattimento selvaggio.

Hy het duidelik geweet daar was geen middelweg in wilde gevegte nie.

Doveva governare o essere governato; mostrare misericordia significava mostrare debolezza.

Hy moet regeer of regeer word; om genade te toon, het beteken om swakheid te toon.

La pietà era sconosciuta nel mondo crudo e brutale della sopravvivenza.

Genade was onbekend in die rou en brutale wêreld van oorlewing.

Mostrare pietà era visto come un atto di paura, e la paura conduceva rapidamente alla morte.

Om genade te betoon is as vrees gesien, en vrees het vinnig tot die dood gelei.

La vecchia legge era semplice: uccidere o essere uccisi, mangiare o essere mangiati.

Die ou wet was eenvoudig: doodmaak of doodgemaak word, eet of geëet word.

Quella legge proveniva dalle profondità del tempo e Buck la seguì alla lettera.

Daardie wet het uit die dieptes van tyd gekom, en Buck het dit ten volle gevolg.

Buck era più vecchio dei suoi anni e del numero dei suoi respiri.
Buck was ouer as sy jare en die aantal asemteue wat hy geneem het.
Collegava in modo chiaro il passato remoto con il momento presente.
Hy het die antieke verlede duidelik met die huidige oomblik verbind.
I ritmi profondi dei secoli si muovevano attraverso di lui come le maree.
Die diep ritmes van die eeue het deur hom beweeg soos die getye.
Il tempo pulsava nel suo sangue con la stessa sicurezza con cui le stagioni muovevano la terra.
Tyd het in sy bloed gepulseer so seker soos seisoene die aarde beweeg het.
Sedeva accanto al fuoco di Thornton, con il petto forte e le zanne bianche.
Hy het by Thornton se vuur gesit, met 'n sterk bors en wit tande.
La sua lunga pelliccia ondeggiava, ma dietro di lui lo osservavano gli spiriti dei cani selvatici.
Sy lang pels het gewaai, maar agter hom het die geeste van wildehonde gekyk.
Lupi mezzi e lupi veri si agitavano nel suo cuore e nei suoi sensi.
Halfwolwe en volle wolwe het in sy hart en sintuie geroer.
Assaggiarono la sua carne e bevvero la stessa acqua che bevve lui.
Hulle het sy vleis geproe en dieselfde water gedrink as wat hy gedoen het.
Annusarono il vento insieme a lui e ascoltarono la foresta.
Hulle het die wind langs hom geruik en na die woud geluister.
Sussurravano il significato dei suoni selvaggi nell'oscurità.
Hulle het die betekenisse van die wilde geluide in die donkerte gefluister.

Modellavano il suo umore e guidavano ciascuna delle sue reazioni silenziose.
Hulle het sy gemoedstoestand gevorm en elkeen van sy stil reaksies gelei.

Giacevano accanto a lui mentre dormiva e diventavano parte dei suoi sogni profondi.
Hulle het by hom gelê terwyl hy geslaap het en deel geword van sy diep drome.

Sognavano con lui, oltre lui, e costituivano il suo stesso spirito.
Hulle het saam met hom gedroom, verder as hom, en sy gees opgemaak.

Gli spiriti della natura selvaggia chiamavano con tanta forza che Buck si sentì attratto.
Die geeste van die wildernis het so sterk geroep dat Buck gevoel het of hulle hom aangetrek het.

Ogni giorno che passava, l'umanità e le sue rivendicazioni si indebolivano nel cuore di Buck.
Elke dag het die mensdom en sy eise swakker geword in Buck se hart.

Nel profondo della foresta si stava per udire un richiamo strano ed emozionante.
Diep in die woud sou 'n vreemde en opwindende roep opkom.

Ogni volta che sentiva la chiamata, Buck provava un impulso a cui non riusciva a resistere.
Elke keer as hy die roep gehoor het, het Buck 'n drang gevoel wat hy nie kon weerstaan nie.

Avrebbe voltato le spalle al fuoco e ai sentieri battuti dagli uomini.
Hy sou van die vuur en van die gebaande menslike paaie afwyk.

Stava per addentrarsi nella foresta, avanzando senza sapere il perché.
Hy was op pad die woud in te stort, vorentoe te gaan sonder om te weet hoekom.

Non mise in discussione questa attrazione, perché la chiamata era profonda e potente.
Hy het hierdie aantrekkingskrag nie bevraagteken nie, want die roepstem was diep en kragtig.

Spesso raggiungeva l'ombra verde e la terra morbida e intatta
Dikwels het hy die groen skaduwee en sagte, ongerepte aarde bereik

Ma poi il forte amore per John Thornton lo riportò al fuoco.
Maar toe trek die sterk liefde vir John Thornton hom terug na die vuur.

Soltanto John Thornton riuscì davvero a tenere stretto il cuore selvaggio di Buck.
Slegs John Thornton het Buck se wilde hart werklik in sy greep gehou.

Per Buck il resto dell'umanità non aveva alcun valore o significato duraturo.
Die res van die mensdom het geen blywende waarde of betekenis vir Buck gehad nie.

Gli sconosciuti potrebbero lodarlo o accarezzargli la pelliccia con mani amichevoli.
Vreemdelinge mag hom prys of sy pels met vriendelike hande streel.

Buck rimase impassibile e se ne andò per eccesso di affetto.
Buck het onbewoë gebly en weggeloop weens te veel liefde.

Hans e Pete arrivarono con la zattera che era stata attesa a lungo
Hans en Pete het aangekom met die vlot wat lank verwag is.

Buck li ignorò finché non venne a sapere che erano vicini a Thornton.
Buck het hulle geïgnoreer totdat hy uitgevind het dat hulle naby Thornton was.

Da allora in poi li tollerò, ma non dimostrò mai loro tutto il suo calore.
Daarna het hy hulle verdra, maar nooit volle warmte aan hulle getoon nie.

Accettava da loro cibo o gentilezza come se volesse fare loro un favore.
Hy het kos of vriendelikheid van hulle geneem asof hy hulle 'n guns bewys het.
Erano come Thornton: semplici, onesti e lucidi nei pensieri.
Hulle was soos Thornton—eenvoudig, eerlik en helder in denke.
Tutti insieme viaggiarono verso la segheria di Dawson e il grande vortice
Almal saam het hulle na Dawson se saagmeule en die groot draaikolk gereis
Nel corso del loro viaggio impararono a comprendere profondamente la natura di Buck.
Op hul reis het hulle geleer om Buck se aard diep te verstaan.
Non cercarono di avvicinarsi come avevano fatto Skeet e Nig.
Hulle het nie probeer om nader aan mekaar te kom soos Skeet en Nig gedoen het nie.
Ma l'amore di Buck per John Thornton non fece che aumentare con il tempo.
Maar Buck se liefde vir John Thornton het mettertyd net verdiep.
Solo Thornton poteva mettere uno zaino sulla schiena di Buck durante l'estate.
Slegs Thornton kon in die somer 'n pak op Buck se rug plaas.
Buck era disposto a eseguire senza riserve qualsiasi ordine impartito da Thornton.
Wat Thornton ook al beveel het, Buck was bereid om ten volle te doen.
Un giorno, dopo aver lasciato Dawson per le sorgenti del Tanana,
Eendag, nadat hulle Dawson verlaat het vir die oorsprong van die Tanana,
il gruppo era seduto su una rupe che scendeva per un metro fino a raggiungere la nuda roccia.
Die groep het op 'n krans gesit wat drie voet tot by die kaal rotsbodem gedaal het.

John Thornton si sedette vicino al bordo e Buck si riposò accanto a lui.
John Thornton het naby die rand gesit, en Buck het langs hom gerus.
Thornton ebbe un'idea improvvisa e richiamò l'attenzione degli uomini.
Thornton het skielik 'n gedagte gehad en die mans se aandag getrek.
Indicò l'altro lato del baratro e diede a Buck un unico comando.
Hy het oor die kloof gewys en vir Buck 'n enkele bevel gegee.
"Salta, Buck!" disse, allungando il braccio oltre il precipizio.
"Spring, Buck!" het hy gesê en sy arm oor die vallei geswaai.
Un attimo dopo dovette afferrare Buck, che stava saltando per obbedire.
Binne 'n oomblik moes hy Buck gryp, wat opgespring het om te gehoorsaam.
Hans e Pete si precipitarono in avanti e tirarono entrambi indietro per metterli in salvo.
Hans en Pete het vorentoe gehardloop en albei terug na veiligheid getrek.
Dopo che tutto fu finito e che ebbero ripreso fiato, Pete prese la parola.
Nadat alles verby was, en hulle asemgehaal het, het Pete gepraat.
«È un amore straordinario», disse, scosso dalla feroce devozione del cane.
"Die liefde is ongelooflik," het hy gesê, geskud deur die hond se vurige toewyding.
Thornton scosse la testa e rispose con calma e serietà.
Thornton het sy kop geskud en met kalm erns geantwoord.
«No, l'amore è splendido», disse, «ma anche terribile».
"Nee, die liefde is wonderlik," het hy gesê, "maar ook verskriklik."
"A volte, devo ammetterlo, questo tipo di amore mi fa paura."
"Soms, moet ek erken, maak hierdie soort liefde my bang."

Pete annuì e disse: "Mi dispiacerebbe tanto essere l'uomo che ti tocca".
Pete het geknik en gesê: "Ek sou dit haat om die man te wees wat jou aanraak."
Mentre parlava, guardava Buck con aria seria e piena di rispetto.
Hy het na Buck gekyk terwyl hy gepraat het, ernstig en vol respek.
"Py Jingo!" esclamò Hans in fretta. "Neanch'io, no signore."
"Py Jingo!" sê Hans vinnig. "Ek ook nie, meneer."

Prima che finisse l'anno, i timori di Pete si avverarono a Circle City.
Voor die einde van die jaar het Pete se vrese by Circle City waar geword.
Un uomo crudele di nome Black Burton attaccò una rissa nel bar.
'n Wrede man met die naam Black Burton het 'n bakleiery in die kroeg begin.
Era arrabbiato e cattivo, e si scagliava contro un novellino.
Hy was kwaad en kwaadwillig, en het teen 'n nuwe teervoet uitgevaar.
John Thornton intervenne, calmo e bonario come sempre.
John Thornton het ingegryp, kalm en goedgesind soos altyd.
Buck giaceva in un angolo, con la testa bassa, e osservava Thornton attentamente.
Buck het in 'n hoek gelê, kop na onder, en Thornton stip dopgehou.
Burton colpì all'improvviso e il suo pugno fece girare Thornton.
Burton het skielik toegeslaan, sy hou het Thornton laat draai.
Solo la ringhiera della sbarra gli impedì di cadere violentemente a terra.
Net die stang se reling het gekeer dat hy hard op die grond neerstort.
Gli osservatori hanno sentito un suono che non era un abbaio o un guaito

Die kykers het 'n geluid gehoor wat nie blaf of gegil was nie

Buck emise un profondo ruggito mentre si lanciava verso l'uomo.

'n Diep gebrul het van Buck gekom toe hy na die man toe hardloop.

Burton alzò il braccio e per poco non si salvò la vita.

Burton het sy arm in die lug gegooi en skaars sy eie lewe gered.

Buck si schiantò contro di lui, facendolo cadere a terra.

Buck het teen hom vasgejaag en hom plat op die vloer neergeslaan.

Buck gli diede un morso profondo al braccio, poi si lanciò alla gola.

Buck het diep in die man se arm gebyt en toe na die keel gegryp.

Burton riuscì a parare solo in parte e il suo collo fu squarciato.

Burton kon net gedeeltelik blokkeer, en sy nek was oopgeskeur.

Gli uomini si precipitarono dentro, brandendo i manganelli e allontanarono Buck dall'uomo sanguinante.

Mans het ingestorm, knuppels gehys en Buck van die bloeiende man afgedryf.

Un chirurgo ha lavorato rapidamente per impedire che il sangue fuoriuscisse.

'n Chirurg het vinnig gewerk om te keer dat die bloed uitvloei.

Buck camminava avanti e indietro ringhiando, tentando di attaccare ancora e ancora.

Buck het heen en weer gegrom en probeer aanval.

Soltanto i bastoni oscillanti gli impedirono di raggiungere Burton.

Slegs swaaistokke het hom daarvan weerhou om Burton te bereik.

Proprio lì, sul posto, venne convocata una riunione dei minatori.

'n Mynwerkersvergadering is daar en daar gehou.

Concordarono sul fatto che Buck era stato provocato e votarono per liberarlo.
Hulle het saamgestem dat Buck uitgelok is en het gestem om hom vry te laat.

Ma il nome feroce di Buck risuonava ormai in ogni accampamento dell'Alaska.
Maar Buck se vurige naam het nou in elke kamp in Alaska weergalm.

Più tardi, quello stesso autunno, Buck salvò Thornton di nuovo in un modo nuovo.
Later daardie herfs het Buck Thornton weer op 'n nuwe manier gered.

I tre uomini stavano guidando una lunga barca lungo delle rapide impetuose.
Die drie mans het 'n lang boot deur rowwe stroomversnellings gelei.

Thornton manovrava la barca, gridando indicazioni per raggiungere la riva.
Thornton het die boot beman en aanwysings na die kuslyn geroep.

Hans e Pete correvano sulla terraferma, tenendo una corda da un albero all'altro.
Hans en Pete het op land gehardloop en 'n tou van boom tot boom vasgehou.

Buck procedeva a passo d'uomo sulla riva, tenendo sempre d'occhio il suo padrone.
Buck het tred gehou op die oewer, altyd besig om sy meester dop te hou.

In un punto pericoloso, delle rocce sporgevano dall'acqua veloce.
Op een nare plek het rotse onder die vinnige water uitgesteek.

Hans lasciò andare la cima e Thornton tirò la barca verso la larghezza.
Hans het die tou losgelaat, en Thornton het die boot wyd gestuur.

Hans corse a percorrerla di nuovo, superando le pericolose rocce.

Hans het gesprint om die boot weer verby die gevaarlike rotse te haal.
La barca superò la sporgenza ma trovò una corrente più forte.
Die boot het die rotsrand oorgesteek, maar 'n sterker deel van die stroom getref.
Hans afferrò la cima troppo velocemente e fece perdere l'equilibrio alla barca.
Hans het die tou te vinnig gegryp en die boot uit balans getrek.
La barca si capovolse e sbatté contro la riva, con la parte inferiore rivolta verso l'alto.
Die boot het omgeslaan en teen die wal gebots, onder na bo.
Thornton venne scaraventato fuori e trascinato nella parte più selvaggia dell'acqua.
Thornton is uitgegooi en in die wildste deel van die water meegesleur.
Nessun nuotatore sarebbe sopravvissuto in quelle acque pericolose e pericolose.
Geen swemmer kon in daardie dodelike, jaagwaters oorleef het nie.
Buck si lanciò all'istante e inseguì il suo padrone lungo il fiume.
Buck het dadelik ingespring en sy baas die rivier af gejaag.
Dopo trecento metri finalmente raggiunse Thornton.
Na driehonderd meter het hy uiteindelik Thornton bereik.
Thornton afferrò la coda di Buck, e Buck si diresse verso la riva.
Thornton het Buck se stert gegryp, en Buck het na die strand gedraai.
Nuotò con tutte le sue forze, lottando contro la forte resistenza dell'acqua.
Hy het met volle krag geswem en die water se wilde sleur beveg.
Si spostarono verso valle più velocemente di quanto riuscissero a raggiungere la riva.

Hulle het vinniger stroomaf beweeg as wat hulle die kus kon bereik.

Più avanti, il fiume ruggiva più forte, precipitando in rapide mortali.

Voor het die rivier harder gebrul terwyl dit in dodelike stroomversnellings geval het.

Le rocce fendevano l'acqua come i denti di un enorme pettine.

Rotse het deur die water gesny soos die tande van 'n groot kam.

La forza di attrazione dell'acqua nei pressi del dislivello era selvaggia e ineluttabile.

Die aantrekkingskrag van die water naby die druppel was wreed en onontkombaar.

Thornton sapeva che non sarebbero mai riusciti a raggiungere la riva in tempo.

Thornton het geweet hulle sou nooit betyds die kus sou haal nie.

Raschiò una roccia, ne sbatté una seconda,

Hy het oor een rots geskraap, oor 'n tweede een geslaan,

Poi si schiantò contro una terza roccia, afferrandola con entrambe le mani.

En toe bots hy teen 'n derde rots en gryp dit met albei hande.

Lasciò andare Buck e urlò sopra il ruggito: "Vai, Buck! Vai!"

Hy het Buck losgelaat en oor die gebrul geskree: "Gaan, Buck! Gaan!"

Buck non riuscì a restare a galla e fu trascinato dalla corrente.

Buck kon nie drywend bly nie en is deur die stroom meegesleur.

Lottò con tutte le sue forze, cercando di girarsi, ma non fece alcun progresso.

Hy het hard geveg, gesukkel om om te draai, maar glad nie vordering gemaak nie.

Poi sentì Thornton ripetere il comando sopra il fragore del fiume.

Toe hoor hy Thornton die bevel oor die rivier se gebrul herhaal.
Buck si impennò fuori dall'acqua e sollevò la testa come per dare un'ultima occhiata.
Buck het uit die water opgeklim en sy kop opgelig asof hy vir 'n laaste kyk wou gee.
poi si voltò e obbedì, nuotando verso la riva con risolutezza.
toe omgedraai en gehoorsaam, en met vasberadenheid na die oewer geswem.
Pete e Hans lo tirarono a riva all'ultimo momento possibile.
Pete en Hans het hom op die laaste moontlike oomblik aan wal getrek.
Sapevano che Thornton avrebbe potuto aggrapparsi alla roccia solo per pochi minuti.
Hulle het geweet Thornton kon net nog minute aan die rots vasklou.
Corsero su per la riva fino a un punto molto più in alto rispetto al punto in cui lui era appeso.
Hulle het teen die wal opgehardloop na 'n plek ver bo waar hy gehang het.
Legarono con cura la cima della barca al collo e alle spalle di Buck.
Hulle het die boot se lyn versigtig aan Buck se nek en skouers vasgemaak.
La corda era stretta ma abbastanza larga da permettere di respirare e muoversi.
Die tou was styf maar los genoeg vir asemhaling en beweging.
Poi lo gettarono di nuovo nel fiume impetuoso e mortale.
Toe het hulle hom weer in die bruisende, dodelike rivier gegooi.
Buck nuotò coraggiosamente ma non riuscì a prendere l'angolazione giusta per affrontare la forza della corrente.
Buck het dapper geswem, maar sy hoek in die stroom se krag gemis.
Si accorse troppo tardi che stava per superare Thornton.
Hy het te laat gesien dat hy verby Thornton gaan dryf.

Hans tirò forte la corda, come se Buck fosse una barca che si capovolge.
Hans het die tou styf geruk, asof Buck 'n omslaande boot was.
La corrente lo trascinò sott'acqua e lui scomparve sotto la superficie.
Die stroom het hom ondertoe getrek, en hy het onder die oppervlak verdwyn.
Il suo corpo colpì la riva prima che Hans e Pete lo tirassero fuori.
Sy liggaam het die wal getref voordat Hans en Pete hom uitgetrek het.
Era mezzo annegato e gli tolsero l'acqua dal corpo.
Hy was halfverdrink, en hulle het die water uit hom gedrink.
Buck si alzò, barcollò e crollò di nuovo a terra.
Buck het opgestaan, gestruikel en weer op die grond ineengestort.
Poi udirono la voce di Thornton portata debolmente dal vento.
Toe hoor hulle Thornton se stem, vaagweg deur die wind gedra.
Sebbene le parole non fossero chiare, sapevano che era vicino alla morte.
Alhoewel die woorde onduidelik was, het hulle geweet dat hy naby die dood was.
Il suono della voce di Thornton colpì Buck come una scossa elettrica.
Die geluid van Thornton se stem het Buck soos 'n elektriese skok getref.
Saltò in piedi e corse su per la riva, tornando al punto di partenza.
Hy het opgespring en teen die wal op gehardloop, teruggekeer na die beginpunt.
Legarono di nuovo la corda a Buck, e di nuovo lui entrò nel fiume.
Weer het hulle die tou aan Buck vasgemaak, en weer het hy die stroom binnegegaan.

Questa volta nuotò direttamente e con decisione nell'acqua impetuosa.
Hierdie keer het hy direk en ferm in die stromende water geswem.
Hans lasciò scorrere la corda con regolarità, mentre Pete impediva che si aggrovigliasse.
Hans het die tou stadig laat los terwyl Pete gekeer het dat dit verstrengel raak.
Buck nuotò con forza finché non si trovò allineato appena sopra Thornton.
Buck het hard geswem totdat hy net bokant Thornton in 'n lyn gestaan het.
Poi si voltò e si lanciò verso di lui come un treno a tutta velocità.
Toe draai hy om en storm soos 'n trein in volle spoed af.
Thornton lo vide arrivare, si preparò e gli abbracciò il collo.
Thornton het hom sien aankom, gestut en sy arms om sy nek gesluit.
Hans legò saldamente la corda attorno a un albero mentre entrambi venivano tirati sott'acqua.
Hans het die tou vas om 'n boom vasgemaak terwyl albei ondertoe getrek is.
Caddero sott'acqua, schiantandosi contro rocce e detriti del fiume.
Hulle het onder water getuimel en teen rotse en rivierpuin gebots.
Un attimo prima Buck era in cima e un attimo dopo Thornton si alzava ansimando.
Die een oomblik was Buck bo-op, die volgende het Thornton hyggend opgestaan.
Malconci e soffocati, si diressero verso la riva e si misero in salvo.
Geslaan en verstik, het hulle na die oewer en veiligheid gedraai.
Thornton riprese conoscenza mentre era sdraiato su un tronco alla deriva.

Thornton het sy bewussyn herwin terwyl hy oor 'n dryfblok gelê het.

Hans e Pete lavorarono duramente per riportarlo a respirare e a vivere.

Hans en Pete het hom hard gewerk om asem en lewe terug te bring.

Il suo primo pensiero fu per Buck, che giaceva immobile e inerte.

Sy eerste gedagte was aan Buck, wat bewegingloos en slap gelê het.

Nig ululò sul corpo di Buck e Skeet gli leccò delicatamente il viso.

Nig het oor Buck se liggaam gehuil, en Skeet het sy gesig saggies gelek.

Thornton, dolorante e contuso, esaminò Buck con mano attenta.

Thornton, seer en gekneus, het Buck met versigtige hande ondersoek.

Ha trovato tre costole rotte, ma il cane non presentava ferite mortali.

Hy het drie gebreekte ribbes gevind, maar geen dodelike wonde in die hond nie.

"Questo è tutto", disse Thornton. "Ci accamperemo qui". E così fecero.

"Dit maak die saak af," het Thornton gesê. "Ons kamp hier." En hulle het.

Rimasero lì finché le costole di Buck non guarirono e lui poté di nuovo camminare.

Hulle het gebly totdat Buck se ribbes genees het en hy weer kon loop.

Quell'inverno Buck compì un'impresa che accrebbe ulteriormente la sua fama.

Daardie winter het Buck 'n prestasie verrig wat sy roem verder verhoog het.

Fu un gesto meno eroico del salvataggio di Thornton, ma altrettanto impressionante.

Dit was minder heroïes as om Thornton te red, maar net so indrukwekkend.

A Dawson, i soci avevano bisogno di provviste per un viaggio lontano.

By Dawson het die vennote voorraad nodig gehad vir 'n verre reis.

Volevano viaggiare verso est, in terre selvagge e incontaminate.

Hulle wou Ooswaarts reis, na ongerepte wildernislande.

Quel viaggio fu possibile grazie all'impresa compiuta da Buck nell'Eldorado Saloon.

Buck se daad in die Eldorado Saloon het daardie reis moontlik gemaak.

Tutto cominciò con degli uomini che si vantavano dei loro cani bevendo qualcosa.

Dit het begin met mans wat oor hul honde spog oor drankies.

La fama di Buck lo rese bersaglio di sfide e dubbi.

Buck se roem het hom die teiken van uitdagings en twyfel gemaak.

Thornton, fiero e calmo, rimase fermo nel difendere il nome di Buck.

Thornton, trots en kalm, het ferm gestaan in die verdediging van Buck se naam.

Un uomo ha affermato che il suo cane riusciva a trainare facilmente duecentocinquanta chili.

Een man het gesê sy hond kòn met gemak vyfhonderd pond trek.

Un altro disse seicento, e un terzo si vantò di settecento.

Nog een het ses honderd gesê, en 'n derde het gespog met sewe honderd.

"Pfft!" disse John Thornton, "Buck può trainare una slitta da mille libbre."

"Pfft!" sê John Thornton, "Buck kan 'n duisend pond-slee trek."

Matthewson, un Bonanza King, si sporse in avanti e lo sfidò.

Matthewson, 'n Bonanza-koning, het vorentoe geleun en hom uitgedaag.

"Pensi che possa spostare tutto quel peso?"
"Dink jy hy kan soveel gewig in beweging sit?"
"E pensi che riesca a sollevare il peso per cento metri?"
"En jy dink hy kan die gewig 'n volle honderd meter trek?"
Thornton rispose freddamente: "Sì. Buck è abbastanza cane da farlo."
Thornton het koel geantwoord: "Ja. Buck is hond genoeg om dit te doen."
"Metterà in moto mille libbre e la tirerà per cento metri."
"Hy sal 'n duisend pond in beweging sit en dit honderd meter trek."
Matthewson sorrise lentamente e si assicurò che tutti gli uomini udissero le sue parole.
Matthewson het stadig geglimlag en seker gemaak dat alle mans sy woorde hoor.
"Ho mille dollari che dicono che non può. Eccoli."
"Ek het 'n duisend dollar wat sê hy kan nie. Daar is dit."
Sbatté sul bancone un sacco di polvere d'oro grande quanto una salsiccia.
Hy het 'n sak goudstof so groot soos wors op die kroegtoonbank gegooi.
Nessuno disse una parola. Il silenzio si fece pesante e teso intorno a loro.
Niemand het 'n woord gesê nie. Die stilte het swaar en gespanne om hulle geword.
Il bluff di Thornton, se mai lo fu, era stato preso sul serio.
Thornton se bluf—as dit een was—is ernstig opgeneem.
Sentì il calore salirgli al viso mentre il sangue gli affluiva alle guance.
Hy het gevoel hoe die hitte in sy gesig opstyg terwyl die bloed na sy wange gestorm het.
In quel momento la sua lingua aveva preceduto la ragione.
Sy tong het op daardie oomblik sy rede vooruitgeloop.
Non sapeva davvero se Buck sarebbe riuscito a spostare mille libbre.
Hy het werklik nie geweet of Buck 'n duisend pond kon skuif nie.

Mezza tonnellata! Solo la sua mole gli faceva sentire il cuore pesante.
'n Halwe ton! Die grootte daarvan alleen het sy hart swaar laat voel.
Aveva fiducia nella forza di Buck e lo riteneva capace.
Hy het vertroue in Buck se krag gehad en hom bekwaam geag.
Ma non aveva mai affrontato una sfida di questo tipo, non in questo modo.
Maar hy het nog nooit hierdie soort uitdaging in die gesig gestaar nie, nie soos hierdie nie.
Una dozzina di uomini lo osservavano in silenzio, in attesa di vedere cosa avrebbe fatto.
'n Dosyn mans het hom stil dopgehou en gewag om te sien wat hy sou doen.
Lui non aveva i soldi, e nemmeno Hans e Pete.
Hy het nie die geld gehad nie—ook nie Hans of Pete nie.
"Ho una slitta fuori", disse Matthewson in modo freddo e diretto.
"Ek het 'n slee buite," het Matthewson koud en direk gesê.
"È carico di venti sacchi, da cinquanta libbre ciascuno, tutti di farina.
"Dit is gelaai met twintig sakke, vyftig pond elk, alles meel."
Quindi non lasciare che la scomparsa della slitta diventi la tua scusa", ha aggiunto.
Moet dus nie nou 'n vermiste slee jou verskoning laat wees nie," het hy bygevoeg.
Thornton rimase in silenzio. Non sapeva che parole dire.
Thornton het stil gestaan. Hy het nie geweet watter woorde om te bied nie.
Guardò i volti intorno a sé senza vederli chiaramente.
Hy het rondgekyk na die gesigte sonder om hulle duidelik te sien.
Sembrava un uomo immerso nei suoi pensieri, che cercava di ripartire.
Hy het gelyk soos 'n man wat in gedagte gevries was en probeer het om weer te begin.
Poi incontrò Jim O'Brien, un amico dei tempi dei Mastodon.

Toe sien hy Jim O'Brien, 'n vriend van die Mastodon-dae.
Quel volto familiare gli diede un coraggio che non sapeva di avere.
Daardie bekende gesig het hom moed gegee wat hy nie geweet het hy het nie.
Si voltò e chiese a bassa voce: "Puoi prestarmi mille dollari?"
Hy het omgedraai en saggies gevra: "Kan jy my duisend leen?"
"Certo", disse O'Brien, lasciando cadere un pesante sacco vicino all'oro.
"Seker," het O'Brien gesê en reeds 'n swaar sak by die goud laat val.
"Ma sinceramente, John, non credo che la bestia possa fare questo."
"Maar eerlikwaar, John, ek glo nie die dier kan dit doen nie."
Tutti quelli presenti all'Eldorado Saloon si precipitarono fuori per assistere all'evento.
Almal in die Eldorado Saloon het buitentoe gehardloop om die geleentheid te sien.
Lasciarono tavoli e bevande e perfino le partite furono sospese.
Hulle het tafels en drankies gelos, en selfs die speletjies is onderbreek.
Croupier e giocatori accorsero per assistere alla conclusione di questa audace scommessa.
Handelaars en dobbelaars het gekom om die einde van die gewaagde weddenskap te aanskou.
Centinaia di persone si radunarono attorno alla slitta sulla strada ghiacciata.
Honderde het om die slee in die ysige oop straat saamgedrom.
La slitta di Matthewson era carica di un carico completo di sacchi di farina.
Matthewson se slee het met 'n vol vrag meelsakke gestaan.
La slitta era rimasta ferma per ore a temperature sotto lo zero.
Die slee het ure lank in minustemperature gestaan.

I pattini della slitta erano congelati e incollati alla neve compatta.
Die slee se lopers was styf teen die neergepakte sneeu vasgevries.
Gli uomini scommettevano due a uno che Buck non sarebbe riuscito a spostare la slitta.
Mans het twee-tot-een kanse gebied dat Buck nie die slee kon skuif nie.
Scoppiò una disputa su cosa significasse realmente "break out".
'n Geskil het ontstaan oor wat "uitbreek" werklik beteken.
O'Brien ha affermato che Thornton dovrebbe allentare la base ghiacciata della slitta.
O'Brien het gesê Thornton moet die slee se bevrore basis losmaak.
Buck potrebbe quindi "rompere" una partenza solida e immobile.
Buck kon dan uit 'n stewige, beweginglose begin "uitbreek".
Matthewson sosteneva che anche il cane doveva liberare i corridori.
Matthewson het aangevoer die hond moet ook die hardlopers losbreek.
Gli uomini che avevano sentito la scommessa concordavano con Matthewson.
Die mans wat die weddenskap gehoor het, het met Matthewson se siening saamgestem.
Con questa sentenza, le probabilità contro Buck salirono a tre a uno.
Met daardie uitspraak het die kanse tot drie-tot-een teen Buck gestyg.
Nessuno si fece avanti per accettare le crescenti quote di tre a uno.
Niemand het vorentoe getree om die groeiende drie-tot-een kans te aanvaar nie.
Nessuno credeva che Buck potesse compiere la grande impresa.

Nie 'n enkele man het geglo dat Buck die groot prestasie kon verrig nie.

Thornton era stato spinto a scommettere, pieno di dubbi.
Thornton was inderhaas in die weddenskap ingesluit, swaar van twyfel.

Ora guardava la slitta e la muta di dieci cani accanto ad essa.
Nou het hy na die slee en die span van tien honde langsaan gekyk.

Vedere la realtà del compito lo faceva sembrare ancora più impossibile.
Om die werklikheid van die taak te sien, het dit meer onmoontlik laat lyk.

In quel momento Matthewson era pieno di orgoglio e sicurezza.
Matthewson was op daardie oomblik vol trots en selfvertroue.

"Tre a uno!" urlò. "Ne scommetto altri mille, Thornton!
"Drie teen een!" het hy geskree. "Ek wed nog 'n duisend, Thornton!"

"Cosa dici?" aggiunse, abbastanza forte da farsi sentire da tutti.
"Wat sê jy?" het hy bygevoeg, hard genoeg sodat almal dit kon hoor.

Il volto di Thornton esprimeva i suoi dubbi, ma il suo spirito era sollevato.
Thornton se gesig het sy twyfel getoon, maar sy gees het opgestaan.

Quello spirito combattivo ignorava le avversità e non temeva nulla.
Daardie veggees het die kanse geïgnoreer en glad nie gevrees nie.

Chiamò Hans e Pete perché portassero tutti i loro soldi al tavolo.
Hy het vir Hans en Pete gebel om al hulle kontant na die tafel te bring.

Non gli era rimasto molto altro: solo duecento dollari in tutto.
Hulle het min oorgehad — slegs tweehonderd dollar saam.

Questa piccola somma costituiva la loro intera fortuna nei momenti difficili.
Hierdie klein bedrag was hul totale fortuin gedurende moeilike tye.
Ciononostante puntarono tutta la loro fortuna contro la scommessa di Matthewson.
Tog het hulle al die fortuin teen Matthewson se weddenskap neergelê.
La muta composta da dieci cani venne sganciata e allontanata dalla slitta.
Die span van tien honde is losgekoppel en het van die slee wegbeweeg.
Buck venne messo alle redini, indossando la sua consueta imbracatura.
Buck is in die teuels geplaas, met sy bekende harnas aan.
Aveva colto l'energia della folla e ne aveva percepito la tensione.
Hy het die energie van die skare vasgevang en die spanning aangevoel.
In qualche modo sapeva che doveva fare qualcosa per John Thornton.
Op een of ander manier het hy geweet hy moes iets vir John Thornton doen.
La gente mormorava ammirata di fronte alla figura fiera del cane.
Mense het met bewondering gemompel oor die hond se trotse figuur.
Era magro e forte, senza un solo grammo di carne in più.
Hy was maer en sterk, sonder 'n enkele ekstra greintjie vleis.
Il suo peso di centocinquanta chili era sinonimo di potenza e resistenza.
Sy volle gewig van honderd-en-vyftig pond was alles krag en uithouvermoë.
Il mantello di Buck brillava come la seta, denso di salute e forza.
Buck se jas het geglim soos sy, dik van gesondheid en krag.

La pelliccia sul collo e sulle spalle sembrava sollevarsi e drizzarsi.

Die pels langs sy nek en skouers het gelyk of dit lig en borsel.

La sua criniera si muoveva leggermente, ogni capello era animato dalla sua grande energia.

Sy maanhare het effens beweeg, elke haar lewendig met sy groot energie.

Il suo petto ampio e le sue gambe forti si sposavano bene con la sua corporatura pesante e robusta.

Sy breë bors en sterk bene het by sy swaar, taai liggaam gepas.

I muscoli si tesero sotto il cappotto, tesi e sodi come ferro legato.

Spiere het onder sy jas geriffel, styf en ferm soos gebonde yster.

Gli uomini lo toccavano e giuravano che era fatto come una macchina d'acciaio.

Mans het hom aangeraak en gesweer hy was gebou soos 'n staalmasjien.

Le probabilità contro il grande cane sono scese leggermente a due a uno.

Die kans het effens gedaal tot twee teen een teen die groot hond.

Un uomo dei banchi di Skookum si fece avanti balbettando.

'n Man van die Skookum-banke het hakkelend vorentoe gestoot.

"Bene, signore! Offro ottocento per lui... prima della prova, signore!"

"Goed, meneer! Ek bied agthonderd vir hom — voor die toets, meneer!"

"Ottocento, così com'è adesso!" insistette l'uomo.

"Agt honderd, soos hy nou staan!" het die man aangedring.

Thornton fece un passo avanti, sorrise e scosse la testa con calma.

Thornton het vorentoe getree, geglimlag en kalm sy kop geskud.

Matthewson intervenne rapidamente con tono ammonitore e aggrottando la fronte.

Matthewson het vinnig met 'n waarskuwende stem en frons ingegryp.

"Devi allontanarti da lui", disse. "Dagli spazio."

"Jy moet van hom af wegstap," het hy gesê. "Gee hom ruimte."

La folla tacque; solo i giocatori continuavano a offrire due a uno.

Die skare het stil geword; slegs dobbelaars het steeds twee teen een aangebied.

Tutti ammiravano la corporatura di Buck, ma il carico sembrava troppo pesante.

Almal het Buck se bou bewonder, maar die lading het te groot gelyk.

Venti sacchi di farina, ciascuno del peso di cinquanta libbre, sembravano decisamente troppi.

Twintig sakke meel—elk vyftig pond in gewig—het heeltemal te veel gelyk.

Nessuno era disposto ad aprire la borsa e a rischiare i propri soldi.

Niemand was bereid om hul sak oop te maak en hul geld te waag nie.

Thornton si inginocchiò accanto a Buck e gli prese la testa tra entrambe le mani.

Thornton het langs Buck gekniel en sy kop in albei hande geneem.

Premette la guancia contro quella di Buck e gli parlò all'orecchio.

Hy het sy wang teen Buck s'n gedruk en in sy oor gepraat.

Non c'erano più né scossoni giocosi né insulti affettuosi sussurrati.

Daar was nou geen speelse geskud of gefluisterde liefdevolle beledigings nie.

Mormorò solo dolcemente: "Quanto mi ami, Buck."

Hy het net saggies gemompel, "Soveel as wat jy my liefhet, Buck."

Buck emise un gemito sommesso, trattenendo a stento la sua impazienza.

Buck het 'n sagte gekerm uitgestoot, sy gretigheid skaars bedwing.
Gli astanti osservavano con curiosità la tensione che aleggiava nell'aria.
Die omstanders het met nuuskierigheid gekyk terwyl spanning die lug gevul het.
Quel momento sembrava quasi irreale, qualcosa che trascendeva la ragione.
Die oomblik het amper onwerklik gevoel, soos iets buite die rede.
Quando Thornton si alzò, Buck gli prese delicatamente la mano tra le fauci.
Toe Thornton opstaan, het Buck sy hand saggies in sy kake geneem.
Premette con i denti, poi lasciò andare lentamente e delicatamente.
Hy het met sy tande gedruk en toe stadig en saggies losgelaat.
Fu una risposta silenziosa d'amore, non detta, ma compresa.
Dit was 'n stille antwoord van liefde, nie uitgespreek nie, maar verstaan.
Thornton si allontanò di molto dal cane e diede il segnale.
Thornton het 'n lang tree van die hond af teruggetree en die teken gegee.
"Ora, Buck", disse, e Buck rispose con calma concentrata.
"Nou, Buck," het hy gesê, en Buck het met gefokusde kalmte gereageer.
Buck tese le corde, poi le allentò di qualche centimetro.
Buck het die spore stywer getrek en hulle toe met 'n paar duim losgemaak.
Questo era il metodo che aveva imparato; il suo modo per rompere la slitta.
Dit was die metode wat hy geleer het; sy manier om die slee te breek.
"Caspita!" urlò Thornton, con voce acuta nel silenzio pesante.
"Sjoe!" het Thornton geskree, sy stem skerp in die swaar stilte.
Buck si girò verso destra e si lanciò con tutto il suo peso.

Buck het regs gedraai en met al sy gewig uitgeval.
Il gioco svanì e tutta la massa di Buck colpì le timonerie strette.
Die slapheid het verdwyn, en Buck se volle massa het die stywe spore getref.
La slitta tremò e i pattini produssero un suono secco e scoppiettante.
Die slee het gebewe, en die hardlopers het 'n skerp kraakgeluid gemaak.
"Haw!" ordinò Thornton, cambiando di nuovo direzione a Buck.
"Ha!" het Thornton beveel en Buck se rigting weer verskuif.
Buck ripeté la mossa, questa volta tirando bruscamente verso sinistra.
Buck het die beweging herhaal, hierdie keer skerp na links getrek.
La slitta scricchiolava più forte, i pattini schioccavano e si spostavano.
Die slee het harder gekraak, die lopers het geknap en geskuif.
Il pesante carico scivolò leggermente di lato sulla neve ghiacciata.
Die swaar vrag het effens sywaarts oor die bevrore sneeu gegly.
La slitta si era liberata dalla presa del sentiero ghiacciato!
Die slee het losgebreek uit die greep van die ysige paadjie!
Gli uomini trattennero il respiro, inconsapevoli di non stare nemmeno respirando.
Mans het hul asem opgehou, onbewus daarvan dat hulle nie eers asemhaal nie.
"Ora, TIRA!" gridò Thornton nel silenzio glaciale.
"Nou, TREK!" het Thornton deur die bevrore stilte uitgeroep.
Il comando di Thornton risuonò netto, come lo schiocco di una frusta.
Thornton se bevel het skerp geklink, soos die geklap van 'n sweep.
Buck si lanciò in avanti con un affondo violento e violento.

Buck het homself vorentoe geslinger met 'n woeste en skokkende longe.

Tutto il suo corpo si irrigidì e si contrasse sotto l'enorme sforzo.

Sy hele liggaam het gespanne en saamgetrek weens die massiewe spanning.

I muscoli si muovevano sotto la pelliccia come serpenti che prendevano vita.

Spiere het onder sy pels geriffel soos slange wat lewendig word.

Il suo grande petto era basso e la testa era protesa in avanti verso la slitta.

Sy groot bors was laag, kop vorentoe na die slee gestrek.

Le sue zampe si muovevano come fulmini e gli artigli fendevano il terreno ghiacciato.

Sy pote het soos weerlig beweeg, kloue wat die bevrore grond sny.

I solchi erano profondi mentre lottava per ogni centimetro di trazione.

Groewe is diep gesny terwyl hy vir elke duim vastrapplek geveg het.

La slitta ondeggiò, tremò e cominciò a muoversi lentamente e in modo inquieto.

Die slee het gewieg, gebewe en 'n stadige, ongemaklike beweging begin.

Un piede scivolò e un uomo tra la folla gemette ad alta voce.

Een voet het gegly, en 'n man in die skare het hardop gekreun.

Poi la slitta si lanciò in avanti con un movimento brusco e a scatti.

Toe het die slee vorentoe geslinger in 'n rukkende, rowwe beweging.

Non si fermò più: mezzo pollice...un pollice...cinque pollici in più.

Dit het nie weer opgehou nie—'n halwe duim...'n duim...twee duim meer.

Gli scossoni si fecero più lievi man mano che la slitta cominciava ad acquistare velocità.

Die rukke het al hoe kleiner geword namate die slee spoed begin kry het.

Presto Buck cominciò a tirare con una potenza fluida e uniforme.

Gou het Buck met gladde, egalige, rollende krag getrek.

Gli uomini sussultarono e finalmente si ricordarono di respirare di nuovo.

Mans het na hul asem gesnak en uiteindelik onthou om weer asem te haal.

Non si erano accorti che il loro respiro si era fermato per lo stupore.

Hulle het nie opgemerk dat hul asem in ontsag opgehou het nie.

Thornton gli corse dietro, gridando comandi brevi e allegri.

Thornton het agterna gehardloop en kort, vrolike bevele uitgeroep.

Davanti a noi c'era una catasta di legna da ardere che segnava la distanza.

Voor was 'n stapel brandhout wat die afstand gemerk het.

Mentre Buck si avvicinava al mucchio, gli applausi diventavano sempre più forti.

Soos Buck die hoop nader gekom het, het die gejuig al hoe harder geword.

Gli applausi crebbero fino a diventare un boato quando Buck superò il traguardo.

Die gejuig het in 'n gebrul oorgegaan toe Buck die eindpunt verbysteek.

Gli uomini saltarono e gridarono, perfino Matthewson sorrise.

Mans het gespring en geskreeu, selfs Matthewson het in 'n glimlag uitgebars.

I cappelli volavano in aria e i guanti venivano lanciati senza pensarci o mirare.

Hoede het die lug in gevlieg, wantjies is sonder gedagte of doel gegooi.

Gli uomini si afferrarono e si strinsero la mano senza sapere chi.

Mans het mekaar gegryp en hande geskud sonder om te weet wie.

Tutta la folla era in delirio, in un tripudio di gioia e di entusiasmo.

Die hele skare het gegons in wilde, vreugdevolle feesviering.

Thornton cadde in ginocchio accanto a Buck con le mani tremanti.

Thornton het met bewerige hande langs Buck op sy knieë geval.

Premette la testa contro quella di Buck e lo scosse delicatamente avanti e indietro.

Hy het sy kop teen Buck s'n gedruk en hom saggies heen en weer geskud.

Chi si avvicinava lo sentiva maledire il cane con amore silenzioso.

Diegene wat nader gekom het, het hom die hond met stille liefde hoor vloek.

Imprecò a lungo contro Buck, con dolcezza, calore, emozione.

Hy het lank op Buck gevloek—saggies, hartlik, met emosie.

"Bene, signore! Bene, signore!" esclamò di corsa il re della panchina di Skookum.

"Goed, meneer! Goed, meneer!" het die Skookum Bank-koning haastig uitgeroep.

"Le darò mille, anzi milleduecento, per quel cane, signore!"

"Ek sal jou 'n duisend—nee, twaalfhonderd—vir daardie hond gee, meneer!"

Thornton si alzò lentamente in piedi, con gli occhi brillanti di emozione.

Thornton het stadig orent gekom, sy oë het gestraal van emosie.

Le lacrime gli rigavano le guance senza alcuna vergogna.

Trane het oop en oop oor sy wange gestroom sonder enige skaamte.

"Signore", disse al re della panchina di Skookum, con fermezza e fermezza

"Meneer," het hy vir die Skookum Bank-koning gesê, standvastig en ferm

"No, signore. Può andare all'inferno, signore. Questa è la mia risposta definitiva."

"Nee, meneer. U kan hel toe gaan, meneer. Dis my finale antwoord."

Buck afferrò delicatamente la mano di Thornton tra le sue forti mascelle.

Buck het Thornton se hand saggies met sy sterk kake gegryp.

Thornton lo scosse scherzosamente; il loro legame era più profondo che mai.

Thornton het hom speels geskud, hul band diep soos altyd.

La folla, commossa dal momento, fece un passo indietro in silenzio.

Die skare, ontroer deur die oomblik, het in stilte teruggetree.

Da quel momento in poi nessuno osò più interrompere un affetto così sacro.

Van toe af het niemand dit gewaag om sulke heilige liefde te onderbreek nie.

Il suono della chiamata
Die Klank van die Roep

Buck aveva guadagnato milleseicento dollari in cinque minuti.
Buck het sestienhonderd dollar in vyf minute verdien.

Il denaro permise a John Thornton di saldare alcuni dei suoi debiti.
Die geld het John Thornton toegelaat om van sy skuld af te betaal.

Con il resto del denaro si diresse verso est insieme ai suoi soci.
Met die res van die geld het hy saam met sy vennote ooswaarts vertrek.

Cercarono una leggendaria miniera perduta, antica quanto il paese stesso.
Hulle het 'n legendariese verlore myn gesoek, so oud soos die land self.

Molti uomini avevano cercato la miniera, ma pochi l'avevano trovata.
Baie mans het na die myn gesoek, maar min het dit ooit gevind.

Molti uomini erano scomparsi durante la pericolosa ricerca.
Meer as 'n paar mans het tydens die gevaarlike soeke verdwyn.

Questa miniera perduta era avvolta nel mistero e nella vecchia tragedia.
Hierdie verlore myn was in beide misterie en ou tragedie gehul.

Nessuno sapeva chi fosse stato il primo uomo a scoprire la miniera.
Niemand het geweet wie die eerste man was wat die myn gevind het nie.

Le storie più antiche non menzionano nessuno per nome.
Die oudste stories noem niemand by die naam nie.

Lì c'era sempre stata una vecchia capanna fatiscente.
Daar was nog altyd 'n antieke vervalle kajuit daar.

I moribondi avevano giurato che vicino a quella vecchia capanna ci fosse una miniera.
Sterwende mans het gesweer daar was 'n myn langs daardie ou kajuit.

Hanno dimostrato le loro storie con un oro che non ha eguali altrove.
Hulle het hul stories met goud bewys soos niemand elders gevind word nie.

Nessuna anima viva aveva mai saccheggiato il tesoro da quel luogo.
Geen lewende siel het ooit die skat van daardie plek geplunder nie.

I morti erano morti e i morti non raccontano storie.
Die dooies was dood, en dooie manne vertel geen stories nie.

Così Thornton e i suoi amici si diressero verso Est.
So het Thornton en sy vriende na die Ooste vertrek.

Si unirono a noi Pete e Hans, portando con sé Buck e sei cani robusti.
Pete en Hans het aangesluit, en Buck en ses sterk honde saamgebring.

Si avviarono lungo un sentiero sconosciuto dove altri avevano fallito.
Hulle het 'n onbekende roete gevolg waar ander misluk het.

Percorsero in slitta settanta miglia lungo il fiume Yukon ghiacciato.
Hulle het sewentig myl met 'n slee op die bevrore Yukonrivier gery.

Girarono a sinistra e seguirono il sentiero verso lo Stewart.
Hulle het links gedraai en die paadjie tot in die Stewart gevolg.

Superarono il Mayo e il McQuestion e proseguirono oltre.
Hulle het verby die Mayo en McQuestion gery en verder aangestap.

Lo Stewart si restringeva fino a diventare un ruscello, infilandosi tra cime frastagliate.
Die Stewart het in 'n stroom ingekrimp en deur gekartelde pieke geslinger.

Queste vette aguzze rappresentavano la spina dorsale del continente.
Hierdie skerp pieke het die ruggraat van die vasteland gemerk.
John Thornton pretendeva poco dagli uomini e dalla terra selvaggia.
John Thornton het min van mans of die wilde land geëis.
Non temeva nulla della natura e affrontava la natura selvaggia con disinvoltura.
Hy het niks in die natuur gevrees nie en die wildernis met gemak aangedurf.
Con solo del sale e un fucile poteva viaggiare dove voleva.
Met net sout en 'n geweer kon hy reis waar hy wou.
Come gli indigeni, durante il viaggio cacciava per procurarsi il cibo.
Soos die inboorlinge, het hy kos gejag terwyl hy gereis het.
Se non prendeva nulla, continuava ad andare avanti, confidando nella fortuna che lo attendeva.
As hy niks gevang het nie, het hy aangehou en op geluk vertrou.
Durante questo lungo viaggio, la carne era l'alimento principale di cui si nutrivano.
Op hierdie lang reis was vleis die hoofgereg wat hulle geëet het.
La slitta trasportava attrezzi e munizioni, ma non c'era un orario preciso.
Die slee het gereedskap en ammunisie bevat, maar geen streng tydskedule nie.
Buck amava questo vagabondare, la caccia e la pesca senza fine.
Buck het hierdie ronddwaal liefgehad; die eindelose jag en visvang.
Per settimane viaggiarono senza sosta, giorno dopo giorno.
Weke lank het hulle dag na bestendige dag gereis.
Altre volte si accampavano e restavano fermi per settimane.
Ander kere het hulle kampe opgeslaan en weke lank stilgebly.

I cani riposarono mentre gli uomini scavavano nel terreno ghiacciato.
Die honde het gerus terwyl die mans deur bevrore grond gegrawe het.
Scaldavano le padelle sul fuoco e cercavano l'oro nascosto.
Hulle het panne oor vure warm gemaak en na verborge goud gesoek.
C'erano giorni in cui pativano la fame, altri in cui banchettavano.
Party dae het hulle uitgehonger, en party dae het hulle feeste gehou.
Il loro pasto dipendeva dalla selvaggina e dalla fortuna della caccia.
Hul maaltye het afgehang van die wild en die geluk van die jag.
Con l'arrivo dell'estate, uomini e cani caricavano carichi sulle spalle.
Toe die somer aanbreek, het mans en honde vragte op hul rûe gepak.
Fecero rafting sui laghi azzurri nascosti nelle foreste di montagna.
Hulle het oor blou mere gevlot wat in bergwoude versteek was.
Navigavano su imbarcazioni sottili su fiumi che nessun uomo aveva mai mappato.
Hulle het dun bote op riviere geseil wat geen mens ooit gekarteer het nie.
Quelle barche venivano costruite con gli alberi che avevano segato in natura.
Daardie bote is gebou van bome wat hulle in die natuur gesaag het.

Passarono i mesi e loro viaggiarono attraverso terre selvagge e sconosciute.
Die maande het verbygegaan, en hulle het deur die wilde onbekende lande gekronkel.

Non c'erano uomini lì, ma vecchie tracce lasciavano intendere che alcuni di loro fossero presenti.
Daar was geen mans daar nie, maar ou spore het daarop gesinspeel dat daar mans was.
Se la Capanna Perduta fosse esistita davvero, allora altre persone in passato erano passate da lì.
As die Verlore Hut werklik was, dan het ander eens hierheen gekom.
Attraversavano passi alti durante le bufere di neve, anche d'estate.
Hulle het hoë passe in sneeustorms oorgesteek, selfs gedurende die somer.
Rabbrividivano sotto il sole di mezzanotte sui pendii brulli delle montagne.
Hulle het gebewe onder die middernagson op kaal berghellings.
Tra il limite degli alberi e i campi di neve, salivano lentamente.
Tussen die boomlyn en die sneeuvelde het hulle stadig geklim.
Nelle valli calde, scacciavano nuvole di moscerini e mosche.
In warm valleie het hulle na wolke muggies en vlieë geslaan.
Raccolsero bacche dolci vicino ai ghiacciai nel pieno della fioritura estiva.
Hulle het soet bessies gepluk naby gletsers in volle somerblom.
I fiori che trovarono erano belli quanto quelli del Southland.
Die blomme wat hulle gevind het, was so pragtig soos dié in die Suidland.
Quell'autunno giunsero in una regione solitaria piena di laghi silenziosi.
Daardie herfs het hulle 'n eensame streek vol stil mere bereik.
La terra era triste e vuota, un tempo brulicava di uccelli e animali.
Die land was droewig en leeg, eens lewendig met voëls en diere.

Ora non c'era più vita, solo il vento e il ghiaccio che si formava nelle pozze.
Nou was daar geen lewe nie, net die wind en ys wat in poele vorm.

Le onde lambivano le rive deserte con un suono dolce e lugubre.
Golwe het teen leë oewers gekolk met 'n sagte, treurige geluid.

Arrivò un altro inverno e loro seguirono di nuovo deboli e vecchi sentieri.
Nog 'n winter het aangebreek, en hulle het weer dowwe, ou spore gevolg.

Erano le tracce di uomini che avevano cercato molto prima di loro.
Dit was die spore van mans wat lank voor hulle gesoek het.

Una volta trovarono un sentiero che si inoltrava nel profondo della foresta oscura.
Eenkeer het hulle 'n paadjie diep in die donker woud gevind.

Era un vecchio sentiero e sentivano che la baita perduta era vicina.
Dit was 'n ou roete, en hulle het gevoel die verlore kajuit was naby.

Ma il sentiero non portava da nessuna parte e si perdeva nel fitto del bosco.
Maar die paadjie het nêrens gelei nie en het in die digte bos verdwyn.

Nessuno sapeva chi avesse tracciato il sentiero e perché lo avesse fatto.
Wie ook al die roete gemaak het, en hoekom hulle dit gemaak het, het niemand geweet nie.

Più tardi trovarono i resti di una capanna nascosta tra gli alberi.
Later het hulle die wrak van 'n lodge tussen die bome gevind.

Coperte marce erano sparse dove un tempo qualcuno aveva dormito.
Verrottende komberse het versprei gelê waar iemand eens geslaap het.

John Thornton trovò sepolto all'interno un fucile a pietra focaia a canna lunga.
John Thornton het 'n langloop-vuursteenwapen binne-in begrawe gevind.
Sapeva fin dai primi tempi che si trattava di un cannone della Hudson Bay.
Hy het geweet dat dit 'n Hudsonbaai-geweer was van vroeë handelsdae.
A quei tempi, tali armi venivano barattate con pile di pelli di castoro.
In daardie dae is sulke gewere verruil vir stapels bevervelle.
Questo era tutto: non rimaneva alcuna traccia dell'uomo che aveva costruito la loggia.
Dit was al — geen leidraad het oorgebly van die man wat die lodge gebou het nie.

Arrivò di nuovo la primavera e non trovarono traccia della Capanna Perduta.
Die lente het weer aangebreek, en hulle het geen teken van die Verlore Hut gevind nie.
Invece trovarono un'ampia valle con un ruscello poco profondo.
In plaas daarvan het hulle 'n breë vallei met 'n vlak stroom gevind.
L'oro si stendeva sul fondo della pentola come burro giallo e liscio.
Goud het oor die bodems van die pan gelê soos gladde, geel botter.
Si fermarono lì e non cercarono oltre la cabina.
Hulle het daar stilgehou en nie verder na die kajuit gesoek nie.
Ogni giorno lavoravano e ne trovavano migliaia di pezzi in polvere d'oro.
Elke dag het hulle gewerk en duisende in goudstof gevind.
Confezionarono l'oro in sacchi di pelle di alce, da cinquanta libbre ciascuno.
Hulle het die goud in sakke elandvel verpak, vyftig pond elk.

I sacchi erano accatastati come legna da ardere fuori dal loro piccolo rifugio.
Die sakke was soos brandhout buite hul klein lodge gestapel.
Lavoravano come giganti e i giorni trascorrevano veloci come sogni.
Hulle het soos reuse gewerk, en die dae het verbygegaan soos vinnige drome.
Accumularono tesori mentre gli infiniti giorni trascorrevano rapidamente.
Hulle het skatte opgehoop terwyl die eindelose dae vinnig verbygerol het.
I cani avevano ben poco da fare, se non trasportare la carne di tanto in tanto.
Daar was min vir die honde om te doen behalwe om nou en dan vleis te sleep.
Thornton cacciò e uccise la selvaggina, mentre Buck si sdraiò accanto al fuoco.
Thornton het die wild gejag en doodgemaak, en Buck het by die vuur gelê.
Trascorse lunghe ore in silenzio, perso nei pensieri e nei ricordi.
Hy het lang ure in stilte deurgebring, verlore in gedagte en herinneringe.
L'immagine dell'uomo peloso tornava sempre più spesso alla mente di Buck.
Die beeld van die harige man het meer dikwels in Buck se gedagtes opgekom.
Ora che il lavoro scarseggiava, Buck sognava mentre sbatteva le palpebre verso il fuoco.
Noudat werk skaars was, het Buck gedroom terwyl hy na die vuur geknipper het.
In quei sogni, Buck vagava con l'uomo in un altro mondo.
In daardie drome het Buck saam met die man in 'n ander wêreld rondgedwaal.
La paura sembrava il sentimento più forte in quel mondo lontano.
Vrees het die sterkste gevoel in daardie verre wêreld gelyk.

Buck vide l'uomo peloso dormire con la testa bassa.
Buck het die harige man sien slaap met sy kop laag gebuig.
Aveva le mani giunte e il suo sonno era agitato e interrotto.
Sy hande was saamgevou, en sy slaap was rusteloos en onderbroke.
Si svegliava di soprassalto e fissava il buio con timore.
Hy het gewoonlik met 'n skrik wakker geword en vreesbevange in die donker gestaar.
Poi aggiungeva altra legna al fuoco per mantenere viva la fiamma.
Dan sou hy meer hout op die vuur gooi om die vlam helder te hou.
A volte camminavano lungo una spiaggia in riva a un mare grigio e infinito.
Soms het hulle langs 'n strand langs 'n grys, eindelose see geloop.
L'uomo peloso raccolse i frutti di mare e li mangiò mentre camminava.
Die harige man het skulpvis gepluk en dit geëet terwyl hy geloop het.
I suoi occhi cercavano sempre pericoli nascosti nell'ombra.
Sy oë het altyd gesoek na verborge gevare in die skaduwees.
Le sue gambe erano sempre pronte a scattare al primo segno di minaccia.
Sy bene was altyd gereed om te sprint by die eerste teken van bedreiging.
Avanzavano furtivamente nella foresta, silenziosi e cauti, uno accanto all'altro.
Hulle het deur die woud gesluip, stil en versigtig, sy aan sy.
Buck lo seguì alle calcagna, ed entrambi rimasero all'erta.
Buck het op sy hakke gevolg, en hulle albei het waaksaam gebly.
Le loro orecchie si muovevano e si contraevano, i loro nasi fiutavano l'aria.
Hul ore het getrek en beweeg, hul neuse het die lug gesnuif.
L'uomo riusciva a sentire e ad annusare la foresta in modo altrettanto acuto quanto Buck.

Die man kon die woud so skerp hoor en ruik soos Buck.
L'uomo peloso si lanciò tra gli alberi a velocità improvvisa.
Die harige man swaai met 'n skielike spoed deur die bome.
Saltava da un ramo all'altro senza mai perdere la presa.
Hy het van tak tot tak gespring en nooit sy greep verloor nie.
Si muoveva con la stessa rapidità con cui si muoveva sopra e sopra il terreno.
Hy het net so vinnig bo die grond beweeg as wat hy daarop gedoen het.
Buck ricordava le lunghe notti passate sotto gli alberi a fare la guardia.
Buck het lang nagte onder die bome onthou, terwyl hy wag gehou het.
L'uomo dormiva appollaiato sui rami, aggrappandosi forte.
Die man het in die takke geslaap en styf vasgeklou.
Questa visione dell'uomo peloso era strettamente legata al richiamo profondo.
Hierdie visioen van die harige man was nou gekoppel aan die diepe roeping.
Il richiamo risuonava ancora nella foresta con una forza inquietante.
Die roep het steeds met spookagtige krag deur die woud geklink.
La chiamata riempì Buck di desiderio e di un inquieto senso di gioia.
Die oproep het Buck met verlange en 'n rustelose gevoel van vreugde vervul.
Sentì strani impulsi e stimoli a cui non riusciva a dare un nome.
Hy het vreemde drange en roerings gevoel wat hy nie kon benoem nie.
A volte seguiva la chiamata inoltrandosi nel silenzio dei boschi.
Soms het hy die roepstem diep in die stil bos gevolg.
Cercava il richiamo, abbaiando piano o bruscamente mentre camminava.

Hy het na die roepstem gesoek, saggies of skerp geblaf terwyl hy geloop het.
Annusò il muschio e il terreno nero dove cresceva l'erba.
Hy het aan die mos en swart grond geruik waar die grasse gegroei het.
Sbuffò di piacere sentendo i ricchi odori della terra profonda.
Hy het van genot gesnork oor die ryk geure van die diep aarde.
Rimase accovacciato per ore dietro i tronchi ricoperti di funghi.
Hy het ure lank gehurk agter stamme wat met swam bedek was.
Rimase immobile, ascoltando con gli occhi sgranati ogni minimo rumore.
Hy het stil gebly en met groot oë na elke klein geluidjie geluister.
Forse sperava di sorprendere la cosa che aveva emesso la chiamata.
Hy het dalk gehoop om die ding wat die oproep gegee het, te verras.
Non sapeva perché si comportava in quel modo: lo faceva e basta.
Hy het nie geweet hoekom hy so opgetree het nie — hy het eenvoudig net so opgetree.
Questi impulsi provenivano dal profondo, al di là del pensiero o della ragione.
Die drange het van diep binne gekom, anderkant denke of rede.
Buck fu colto da impulsi irresistibili, senza preavviso o motivo.
Onweerstaanbare drange het Buck sonder waarskuwing of rede beetgepak.
A volte sonnecchiava pigramente nell'accampamento, sotto il caldo di mezzogiorno.
Soms het hy lui in die kamp onder die middaghitte gedut.

All'improvviso sollevò la testa e le sue orecchie si drizzarono in allerta.
Skielik lig sy kop op en sy ore skiet wakker op.
Poi balzò in piedi e si lanciò nella natura selvaggia senza fermarsi.
Toe spring hy op en storm sonder om te pouseer die wildernis in.
Corse per ore attraverso sentieri forestali e spazi aperti.
Hy het ure lank deur bospaadjies en oop ruimtes gehardloop.
Amava seguire i letti asciutti dei torrenti e spiare gli uccelli sugli alberi.
Hy was lief daarvoor om droë spruitbeddings te volg en voëls in die bome te bespied.
Poteva restare nascosto tutto il giorno, osservando le pernici che si pavoneggiavano in giro.
Hy kon heeldag weggesteek lê en patryse dophou wat rondstap.
Suonavano i tamburi e marciavano, ignari della presenza immobile di Buck.
Hulle het getrommel en gemarsjeer, onbewus van Buck se stil teenwoordigheid.
Ma ciò che amava di più era correre al crepuscolo estivo.
Maar wat hy die meeste liefgehad het, was om in die somerskemer te hardloop.
La luce fioca e i suoni assonnati della foresta lo riempivano di gioia.
Die dowwe lig en slaperige bosgeluide het hom met vreugde vervul.
Leggeva i cartelli della foresta con la stessa chiarezza con cui un uomo legge un libro.
Hy het die bostekens so duidelik gelees soos 'n man 'n boek lees.
E cercava sempre la strana cosa che lo chiamava.
En hy het altyd gesoek na die vreemde ding wat hom geroep het.
Quella chiamata non si è mai fermata: lo raggiungeva sia da sveglio che nel sonno.

Daardie roepstem het nooit opgehou nie — dit het hom bereik, wakker of slapend.

Una notte si svegliò di soprassalto, con gli occhi acuti e le orecchie tese.
Een nag het hy met 'n skrik wakker geword, oë skerp en ore hoog.
Le sue narici si contrassero mentre la sua criniera si rizzava in onde.
Sy neusgate het gebewe terwyl sy maanhare in golwe gestaan het.
Dal profondo della foresta giunse di nuovo quel suono, il vecchio richiamo.
Uit diep in die woud kom die geluid weer, die ou roep.
Questa volta il suono risuonò chiaro, un ululato lungo, inquietante e familiare.
Hierdie keer het die geluid duidelik geklink, 'n lang, spookagtige, bekende gehuil.
Era come il verso di un husky, ma dal tono strano e selvaggio.
Dit was soos 'n husky se gehuil, maar vreemd en wild van toon.
Buck riconobbe subito quel suono: lo aveva già sentito molto tempo prima.
Buck het die geluid dadelik herken — hy het die presiese geluid lank gelede gehoor.
Attraversò con un balzo l'accampamento e scomparve rapidamente nel bosco.
Hy het deur die kamp gespring en vinnig in die bos verdwyn.
Avvicinandosi al suono, rallentò e si mosse con cautela.
Toe hy die geluid nader, het hy stadiger beweeg en versigtig beweeg.
Presto raggiunse una radura tra fitti pini.
Gou het hy 'n oopte tussen digte dennebome bereik.
Lì, ritto sulle zampe posteriori, sedeva un lupo grigio alto e magro.
Daar, regop op sy hurke, het 'n lang, maer houtwolf gesit.

Il naso del lupo puntava verso il cielo, continuando a riecheggiare il richiamo.
Die wolf se neus het hemelwaarts gewys, steeds die roep weergalm.
Buck non aveva emesso alcun suono, eppure il lupo si fermò e ascoltò.
Buck het geen geluid gemaak nie, maar die wolf het stilgehou en geluister.
Percependo qualcosa, il lupo si irrigidì e scrutò l'oscurità.
Toe die wolf iets aanvoel, het hy gespanne geraak, terwyl hy die donkerte deursoek het.
Buck si fece avanti furtivamente, con il corpo basso e i piedi ben appoggiati al terreno.
Buck het in sig gekom, lyf laag, voete stil op die grond.
La sua coda era dritta e il suo corpo era teso e teso.
Sy stert was reguit, sy lyf styf opgerol van spanning.
Manifestava sia un atteggiamento minaccioso che una sorta di rude amicizia.
Hy het beide dreiging en 'n soort rowwe vriendskap getoon.
Era il saluto cauto tipico delle bestie selvatiche.
Dit was die versigtige groet wat deur wilde diere gedeel is.
Ma il lupo si voltò e fuggì non appena vide Buck.
Maar die wolf het omgedraai en gevlug sodra hy Buck gesien het.
Buck si lanciò all'inseguimento, saltando selvaggiamente, desideroso di raggiungerlo.
Buck het agternagesit, wild gespring, gretig om dit in te haal.
Seguì il lupo in un ruscello secco bloccato da un ingorgo di tronchi.
Hy het die wolf gevolg in 'n droë spruit wat deur 'n houtblokkade geblokkeer is.
Messo alle strette, il lupo si voltò e rimase fermo.
In 'n hoek gedraai, het die wolf omgedraai en sy man bly staan.
Il lupo ringhiò e schioccò i denti come un husky intrappolato in una rissa.

Die wolf het gegrom en gekap soos 'n vasgekeerde hees hond in 'n geveg.

I denti del lupo schioccarono rapidamente e il suo corpo si irrigidì per la furia selvaggia.

Die wolf se tande het vinnig geklap, sy lyf het geborrel van wilde woede.

Buck non attaccò, ma girò intorno al lupo con attenta cordialità.

Buck het nie aangeval nie, maar het die wolf met versigtige vriendelikheid omsingel.

Cercò di bloccargli la fuga con movimenti lenti e innocui.

Hy het probeer om sy ontsnapping te keer deur stadige, onskadelike bewegings.

Il lupo era cauto e spaventato: Buck lo superava di peso tre volte.

Die wolf was versigtig en bang—Buck het hom drie keer oortref.

La testa del lupo arrivava a malapena all'altezza della spalla massiccia di Buck.

Die wolf se kop het skaars tot by Buck se massiewe skouer gereik.

Il lupo, attento a individuare un varco, si lanciò e l'inseguimento ricominciò.

Terwyl hy vir 'n gaping soek, het die wolf weggehardloop en die jaagtog het weer begin.

Buck lo mise alle strette più volte e la danza si ripeté.

Verskeie kere het Buck hom vasgekeer, en die dans het herhaal.

Il lupo era magro e debole, altrimenti Buck non avrebbe potuto catturarlo.

Die wolf was maer en swak, anders kon Buck hom nie gevang het nie.

Ogni volta che Buck si avvicinava, il lupo si girava di scatto e lo affrontava spaventato.

Elke keer as Buck nader gekom het, het die wolf omgedraai en hom vreesbevange in die gesig gestaar.

Poi, alla prima occasione, si precipitò di nuovo nel bosco.

Toe, met die eerste kans, het hy weer die bos ingehardloop.
Ma Buck non si arrese e alla fine il lupo imparò a fidarsi di lui.
Maar Buck het nie moed opgegee nie, en uiteindelik het die wolf hom begin vertrou.
Annusò il naso di Buck e i due diventarono giocosi e attenti.
Hy het Buck se neus gesnuif, en die twee het speels en waaksaam geword.
Giocavano come animali selvaggi, feroci ma timidi nella loro gioia.
Hulle het soos wilde diere gespeel, woes maar skaam in hul vreugde.
Dopo un po' il lupo trotterellò via con calma e decisione.
Na 'n rukkie het die wolf met kalm doel weggedraf.
Dimostrò chiaramente a Buck che intendeva essere seguito.
Hy het duidelik vir Buck gewys dat hy van plan was om gevolg te word.
Correvano fianco a fianco nel buio della sera.
Hulle het langs mekaar deur die skemerdonker gehardloop.
Seguirono il letto del torrente fino alla gola rocciosa.
Hulle het die spruitbedding gevolg tot in die rotsige kloof.
Attraversarono un freddo spartiacque nel punto in cui aveva avuto origine il fiume.
Hulle het 'n koue kloof oorgesteek waar die stroom begin het.
Sul pendio più lontano trovarono un'ampia foresta e molti corsi d'acqua.
Op die verste helling het hulle wye woud en baie strome gevind.
Corsero per ore senza fermarsi attraverso quella terra immensa.
Deur hierdie uitgestrekte land het hulle ure lank sonder om te stop gehardloop.
Il sole saliva sempre più alto, l'aria si faceva calda, ma loro continuavano a correre.
Die son het hoër opgekom, die lug het warmer geword, maar hulle het aangegaan.

Buck era pieno di gioia: sapeva di aver risposto alla sua chiamata.
Buck was vol vreugde—hy het geweet hy antwoord op sy roepstem.

Corse accanto al fratello della foresta, più vicino alla fonte della chiamata.
Hy het langs sy bosbroer gehardloop, nader aan die bron van die roep.

I vecchi sentimenti ritornano, potenti e difficili da ignorare.
Ou gevoelens het teruggekeer, kragtig en moeilik om te ignoreer.

Queste erano le verità nascoste nei ricordi dei suoi sogni.
Dit was die waarhede agter die herinneringe uit sy drome.

Tutto questo lo aveva già fatto in un mondo lontano e oscuro.
Hy het dit alles al voorheen in 'n verre en skaduryke wêreld gedoen.

Questa volta lo fece di nuovo, scatenandosi con il cielo aperto sopra di lui.
Nou het hy dit weer gedoen, wild rondgehardloop met die oop lug daarbo.

Si fermarono presso un ruscello per bere l'acqua fredda che scorreva.
Hulle het by 'n stroompie stilgehou om van die koue vloeiende water te drink.

Mentre beveva, Buck si ricordò improvvisamente di John Thornton.
Terwyl hy gedrink het, het Buck skielik vir John Thornton onthou.

Si sedette in silenzio, lacerato dal sentimento di lealtà e dalla chiamata.
Hy het in stilte gaan sit, verskeur deur die aantrekkingskrag van lojaliteit en die roeping.

Il lupo continuò a trottare, ma tornò indietro per incitare Buck ad andare avanti.
Die wolf het aangedraf, maar het teruggekom om Buck vorentoe te spoor.

Gli annusò il naso e cercò di convincerlo con gesti gentili.
Hy het aan sy neus gesnuif en probeer om hom met sagte gebare te lok.
Ma Buck si voltò e riprese a tornare indietro per la strada da cui era venuto.
Maar Buck het omgedraai en teruggekeer in die pad wat hy gekom het.
Il lupo gli corse accanto per molto tempo, guaindo piano.
Die wolf het lank langs hom gehardloop en saggies gehuil.
Poi si sedette, alzò il naso ed emise un lungo ululato.
Toe gaan hy sit, lig sy neus op en laat 'n lang gehuil uit.
Era un grido lugubre, che si addolcì mentre Buck si allontanava.
Dit was 'n treurige gehuil, wat sagter geword het toe Buck wegstap.
Buck ascoltò mentre il suono del grido svaniva lentamente nel silenzio della foresta.
Buck het geluister terwyl die geluid van die gehuil stadig in die woudstilte vervaag het.
John Thornton stava cenando quando Buck irruppe nell'accampamento.
John Thornton was besig om aandete te eet toe Buck die kamp binnestorm.
Buck gli saltò addosso selvaggiamente, leccandolo, mordendolo e facendolo rotolare.
Buck het wild op hom gespring, hom gelek, gebyt en omgekeerd.
Lo fece cadere, gli saltò sopra e gli baciò il viso.
Hy het hom omgestamp, bo-op geklim en hom in die gesig gesoen.
Thornton lo definì con affetto "fare il buffone".
Thornton het dit met liefde "die algemene dwaas speel" genoem.
Nel frattempo, imprecava dolcemente contro Buck e lo scuoteva avanti e indietro.
Die hele tyd het hy Buck saggies gevloek en hom heen en weer geskud.

Per due interi giorni e due notti, Buck non lasciò l'accampamento nemmeno una volta.
Vir twee volle dae en nagte het Buck nooit die kamp verlaat nie.
Si teneva vicino a Thornton e non lo perdeva mai di vista.
Hy het naby Thornton gebly en hom nooit uit sy sig gelaat nie.
Lo seguiva mentre lavorava e lo osservava mentre mangiava.
Hy het hom gevolg terwyl hy gewerk het en hom dopgehou terwyl hy geëet het.
Di notte vedeva Thornton avvolto nelle sue coperte e ogni mattina lo vedeva uscire.
Hy het Thornton snags in sy komberse en elke oggend buite gesien.
Ma presto il richiamo della foresta ritornò, più forte che mai.
Maar gou het die bosroep teruggekeer, harder as ooit tevore.
Buck si sentì di nuovo irrequieto, agitato dal pensiero del lupo selvatico.
Buck het weer rusteloos geword, geroer deur gedagtes aan die wilde wolf.
Ricordava la terra aperta e le corse fianco a fianco.
Hy het die oop land onthou en die langs mekaar hardloop.
Ricominciò a vagare nella foresta, solo e vigile.
Hy het weer eens die woud in begin dwaal, alleen en waaksaam.
Ma il fratello selvaggio non tornò e l'ululato non fu udito.
Maar die wilde broer het nie teruggekeer nie, en die gehuil is nie gehoor nie.
Buck cominciò a dormire all'aperto, restando lontano anche per giorni interi.
Buck het buite begin slaap en dae aaneen weggebly.
Una volta attraversò l'alto spartiacque dove aveva origine il torrente.
Eenkeer het hy die hoë kloof oorgesteek waar die spruit begin het.
Entrò nella terra degli alberi scuri e dei grandi corsi d'acqua.
Hy het die land van donker hout en wye vloeiende strome binnegegaan.

Vagò per una settimana alla ricerca di tracce del fratello selvaggio.
'n Week lank het hy rondgeswerf, op soek na tekens van die wilde broer.

Uccideva la propria carne e viaggiava a passi lunghi e instancabili.
Hy het sy eie vleis doodgemaak en met lang, onvermoeide treë gereis.

Pescò salmoni in un ampio fiume che arrivava fino al mare.
Hy het vir salm gevang in 'n wye rivier wat die see bereik het.

Lì lottò e uccise un orso nero reso pazzo dagli insetti.
Daar het hy 'n swart beer geveg en doodgemaak wat deur goggas gek was.

L'orso stava pescando e corse alla cieca tra gli alberi.
Die beer het visgevang en blindelings deur die bome gehardloop.

La battaglia fu feroce e risvegliò il profondo spirito combattivo di Buck.
Die geveg was 'n hewige een, wat Buck se diep veggees wakker gemaak het.

Due giorni dopo, Buck tornò e trovò dei ghiottoni nei pressi della sua preda.
Twee dae later het Buck teruggekeer om wolverines by sy prooi te vind.

Una dozzina di loro litigarono furiosamente e rumorosamente per la carne.
'n Dosyn van hulle het in raserige woede oor die vleis gestry.

Buck caricò e li disperse come foglie al vento.
Buck het aangeval en hulle soos blare in die wind verstrooi.

Due lupi rimasero indietro: silenziosi, senza vita e immobili per sempre.
Twee wolwe het agtergebly—stil, leweloos en roerloos vir ewig.

La sete di sangue divenne più forte che mai.
Die dors na bloed het sterker geword as ooit tevore.

Buck era un cacciatore, un assassino, che si nutriva di creature viventi.

Buck was 'n jagter, 'n moordenaar, wat van lewende wesens gevoed het.

Sopravvisse da solo, affidandosi alla sua forza e ai suoi sensi acuti.

Hy het alleen oorleef, staatmakende op sy krag en skerp sintuie.

Prosperava nella natura selvaggia, dove solo i più forti potevano sopravvivere.

Hy het in die natuur gefloreer, waar net die taaistes kon leef.

Da ciò nacque un grande orgoglio che riempì tutto l'essere di Buck.

Hieruit het 'n groot trots opgestaan en Buck se hele wese gevul.

Il suo orgoglio traspariva da ogni passo, dal fremito di ogni muscolo.

Sy trots het in elke tree geblyk, in die rimpeling van elke spier.

Il suo orgoglio era evidente, come si vedeva dal suo comportamento.

Sy trots was so duidelik soos spraak, gesien in hoe hy homself gedra het.

Persino il suo spesso mantello appariva più maestoso e splendeva di più.

Selfs sy dik jas het meer majestueus gelyk en helderder geglans.

Buck avrebbe potuto essere scambiato per un lupo grigio gigante.

Buck kon vir 'n reuse-houtwolf aangesien gewees het.

A parte il marrone sul muso e le macchie sopra gli occhi.

Behalwe vir bruin op sy snoet en kolle bo sy oë.

É la striscia bianca di pelo che gli correva lungo il centro del petto.

En die wit streep pels wat teen die middel van sy bors af geloop het.

Era addirittura più grande del più grande lupo di quella feroce razza.

Hy was selfs groter as die grootste wolf van daardie wrede ras.

Suo padre, un San Bernardo, gli ha trasmesso la stazza e la corporatura robusta.
Sy pa, 'n Sint Bernardus, het hom grootte en swaar lyf gegee.

Sua madre, una pastorella, plasmò quella mole conferendole la forma di un lupo.
Sy moeder, 'n skaapwagter, het daardie liggaam in 'n wolfagtige vorm gevorm.

Aveva il muso lungo di un lupo, anche se più pesante e largo.
Hy het die lang snoet van 'n wolf gehad, alhoewel swaarder en breër.

La sua testa era quella di un lupo, ma di dimensioni enormi e maestose.
Sy kop was dié van 'n wolf, maar gebou op 'n massiewe, majestueuse skaal.

L'astuzia di Buck era l'astuzia del lupo e della natura selvaggia.
Buck se listigheid was die listigheid van die wolf en van die wildernis.

La sua intelligenza gli venne sia dal Pastore Tedesco che dal San Bernardo.
Sy intelligensie het van beide die Duitse Herdershond en die Sint Bernardus gekom.

Tutto ciò, unito alla dura esperienza, lo rese una creatura temibile.
Dit alles, plus harde ervaring, het hom 'n vreesaanjaende wese gemaak.

Era formidabile quanto qualsiasi animale che vagasse nelle terre selvagge del nord.
Hy was so gedug soos enige dier wat in die noordelike wildernis rondgeswerf het.

Nutrendosi solo di carne, Buck raggiunse l'apice della sua forza.
Buck het slegs van vleis geleef en die volle hoogtepunt van sy krag bereik.

Trasudava potenza e forza maschile in ogni fibra del suo corpo.

Hy het oorgeloop van krag en manlike krag in elke vesel van hom.

Quando Thornton gli accarezzò la schiena, i peli brillarono di energia.
Toe Thornton oor sy rug streel, het die hare van energie geskitter.

Ogni capello scricchiolava, carico del tocco di un magnetismo vivente.
Elke haar het gekraak, gelaai met die aanraking van lewende magnetisme.

Il suo corpo e il suo cervello erano sintonizzati sulla tonalità più fine possibile.
Sy liggaam en brein was ingestel op die fynste moontlike toonhoogte.

Ogni nervo, ogni fibra e ogni muscolo lavoravano in perfetta armonia.
Elke senuwee, vesel en spier het in perfekte harmonie gewerk.

A qualsiasi suono o visione che richiedesse un intervento, rispondeva immediatamente.
Op enige geluid of gesig wat aksie vereis het, het hy onmiddellik gereageer.

Se un husky saltava per attaccare, Buck poteva saltare due volte più velocemente.
As 'n husky sou spring om aan te val, kon Buck twee keer so vinnig spring.

Reagì più rapidamente di quanto gli altri potessero vedere o sentire.
Hy het vinniger gereageer as wat ander selfs kon sien of hoor.

Percezione, decisione e azione avvennero tutte in un unico, fluido istante.
Persepsie, besluit en aksie het alles in een vloeiende oomblik gekom.

In realtà si tratta di atti separati, ma troppo rapidi per essere notati.
In werklikheid was hierdie dade afsonderlik, maar te vinnig om op te merk.

Gli intervalli tra questi atti erano così brevi che sembravano uno solo.
Die gapings tussen hierdie dade was so kort dat hulle soos een gelyk het.
I suoi muscoli e il suo essere erano come molle strettamente avvolte.
Sy spiere en wese was soos styf opgerolde vere.
Il suo corpo traboccava di vita, selvaggia e gioiosa nella sua potenza.
Sy liggaam het gegons van lewe, wild en vreugdevol in sy krag.
A volte aveva la sensazione che la forza stesse per esplodere completamente dentro di lui.
Soms het hy gevoel asof die krag heeltemal uit hom gaan bars.
"Non c'è mai stato un cane simile", disse Thornton un giorno tranquillo.
"Nog nooit was daar so 'n hond nie," het Thornton een stil dag gesê.
I soci osservarono Buck uscire fiero dall'accampamento.
Die vennote het gekyk hoe Buck trots uit die kamp stap.
"Quando è stato creato, ha cambiato il modo in cui un cane può essere", ha detto Pete.
"Toe hy gemaak is, het hy verander wat 'n hond kan wees," het Pete gesê.
"Per Dio! Lo penso anch'io", concordò subito Hans.
"By Jesus! Ek dink self so," het Hans vinnig ingestem.
Lo videro allontanarsi, ma non il cambiamento che avvenne dopo.
Hulle het hom sien wegmarsjeer, maar nie die verandering wat daarna gekom het nie.
Non appena entrò nel bosco, Buck si trasformò completamente.
Sodra hy die bos binnegegaan het, het Buck heeltemal verander.
Non marciava più, ma si muoveva come uno spettro selvaggio tra gli alberi.

Hy het nie meer gemarsjeer nie, maar het soos 'n wilde spook tussen bome beweeg.

Divenne silenzioso, come un gatto, un bagliore che attraversava le ombre.

Hy het stil geword, katvoetig, 'n flikkering wat deur skaduwees beweeg.

Usava la copertura con abilità, strisciando sulla pancia come un serpente.

Hy het dekking met vaardigheid gebruik en soos 'n slang op sy maag gekruip.

E come un serpente, sapeva balzare in avanti e colpire in silenzio.

En soos 'n slang kon hy vorentoe spring en in stilte toeslaan.

Potrebbe rubare una pernice bianca direttamente dal suo nido nascosto.

Hy kon 'n sneeuwpop reguit uit sy verborge nes steel.

Uccideva i conigli addormentati senza emettere alcun suono.

Hy het slapende konyne sonder 'n enkele geluid doodgemaak.

Riusciva a catturare gli scoiattoli a mezz'aria anche se fuggivano troppo lentamente.

Hy kon die eekhorings mid-lug vang aangesien hulle te stadig gevlug het.

Nemmeno i pesci nelle pozze riuscivano a sfuggire ai suoi attacchi improvvisi.

Selfs visse in poele kon nie sy skielike aanvalle ontsnap nie.

Nemmeno i furbi castori impegnati a riparare le dighe erano al sicuro da lui.

Nie eens slim bewers wat damme regmaak, was veilig vir hom nie.

Uccideva per nutrirsi, non per divertirsi, ma preferiva uccidere le proprie vittime.

Hy het vir kos doodgemaak, nie vir die pret nie—maar hy het die meeste van sy eie moorde gehou.

Eppure, un umorismo subdolo permeava alcune delle sue cacce silenziose.

Tog het 'n slinkse humor deur sommige van sy stil jagtogte geloop.

Si avvicinò furtivamente agli scoiattoli, solo per lasciarli scappare.
Hy het naby eekhorings gekruip, net om hulle te laat ontsnap.
Stavano per fuggire tra gli alberi, chiacchierando con rabbia e paura.
Hulle was op pad na die bome te vlug, terwyl hulle van vreeslike verontwaardiging gebabbel het.
Con l'arrivo dell'autunno, le alci cominciarono ad apparire in numero maggiore.
Soos die herfs aangebreek het, het elande in groter getalle begin verskyn.
Si spostarono lentamente verso le basse valli per affrontare l'inverno.
Hulle het stadig die lae valleie ingetrek om die winter tegemoet te gaan.
Buck aveva già abbattuto un giovane vitello randagio.
Buck het reeds een jong, verdwaalde kalfie laat val.
Ma lui desiderava ardentemente affrontare prede più grandi e pericolose.
Maar hy het verlang om groter, gevaarliker prooi te trotseer.
Un giorno, sul crinale, alla sorgente del torrente, trovò la sua occasione.
Eendag op die kloof, by die bopunt van die spruit, het hy sy kans gevind.
Una mandria di venti alci era giunta da terre boscose.
'n Trop van twintig elande het van beboste lande oorgesteek.
Tra loro c'era un possente toro, il capo del gruppo.
Onder hulle was 'n magtige bul; die leier van die groep.
Il toro era alto più di due metri e mezzo e appariva feroce e selvaggio.
Die bul het meer as ses voet hoog gestaan en het fel en wild gelyk.
Lanciò le sue grandi corna, le cui quattordici punte si diramavano verso l'esterno.
Hy het sy wye gewei slinger, veertien punte wat na buite vertak.
Le punte di quelle corna si estendevano per due metri.

Die punte van daardie gewei het sewe voet breed gestrek.
I suoi piccoli occhi ardevano di rabbia quando vide Buck lì vicino.
Sy klein ogies het van woede gebrand toe hy Buck naby gewaar het.
Emise un ruggito furioso, tremando di rabbia e dolore.
Hy het 'n woedende gebrul uitgestoot, bewerig van woede en pyn.
Vicino al suo fianco spuntava la punta di una freccia, appuntita e piumata.
'n Pylpunt het naby sy flank uitgesteek, geveerd en skerp.
Questa ferita contribuì a spiegare il suo umore selvaggio e amareggiato.
Hierdie wond het gehelp om sy wrede, bittere bui te verklaar.
Buck, guidato dall'antico istinto di caccia, fece la sua mossa.
Buck, gelei deur antieke jaginstink, het sy skuif gemaak.
Il suo obiettivo era separare il toro dal resto della mandria.
Hy het ten doel gehad om die bul van die res van die kudde te skei.
Non era un compito facile: richiedeva velocità e una grande astuzia.
Dit was geen maklike taak nie—dit het spoed en vurige sluheid geverg.
Abbaiava e danzava vicino al toro, appena fuori dalla sua portata.
Hy het geblaf en gedans naby die bul, net buite bereik.
L'alce si lanciò con enormi zoccoli e corna mortali.
Die eland het met groot hoewe en dodelike gewei geskiet.
Un colpo avrebbe potuto porre fine alla vita di Buck in un batter d'occhio.
Een hou kon Buck se lewe in 'n oogwink beëindig het.
Incapace di abbandonare la minaccia, il toro si infuriò.
Omdat hy die bedreiging nie kon agterlaat nie, het die bul woedend geword.
Lui caricava con furia, ma Buck riusciva sempre a sfuggirgli.
Hy het woedend aangeval, maar Buck het altyd weggeglip.

Buck finse di essere debole, allontanandosi ulteriormente dalla mandria.
Buck het swakheid geveins en hom verder van die trop af gelok.
Ma i giovani tori sarebbero tornati alla carica per proteggere il capo.
Maar jong bulle sou terugstorm om die leier te beskerm.
Costrinsero Buck a ritirarsi e il toro a ricongiungersi al gruppo.
Hulle het Buck gedwing om terug te trek en die bul om weer by die groep aan te sluit.
C'è una pazienza nella natura selvaggia, profonda e inarrestabile.
Daar is 'n geduld in die wildernis, diep en onstuitbaar.
Un ragno resta immobile nella sua tela per innumerevoli ore.
'n Spinnekop wag vir tallose ure bewegingloos in sy web.
Un serpente si avvolge su se stesso senza contrarsi e aspetta il momento giusto.
'n Slang kronkel sonder om te ruk, en wag totdat dit tyd is.
Una pantera è in agguato, finché non arriva il momento.
'n Panter lê in 'n hinderlaag, totdat die oomblik aanbreek.
Questa è la pazienza dei predatori che cacciano per sopravvivere.
Dit is die geduld van roofdiere wat jag om te oorleef.
La stessa pazienza ardeva dentro Buck mentre gli restava accanto.
Dieselfde geduld het binne Buck gebrand terwyl hy naby gebly het.
Rimase vicino alla mandria, rallentandone la marcia e incutendo timore.
Hy het naby die trop gebly, hul mars vertraag en vrees gesaai.
Provocava i giovani tori e molestava le mucche madri.
Hy het die jong bulle geterg en die moederkoeie geteister.
Spinse il toro ferito in una rabbia ancora più profonda e impotente.
Hy het die gewonde bul in 'n dieper, hulpelose woede gedryf.

Per mezza giornata il combattimento si trascinò senza alcuna tregua.
Vir 'n halwe dag het die geveg sonder enige rus aangehou.
Buck attaccò da ogni angolazione, veloce e feroce come il vento.
Buck het van elke hoek af aangeval, vinnig en fel soos wind.
Impedì al toro di riposare o di nascondersi con la mandria.
Hy het gekeer dat die bul saam met sy trop rus of wegkruip.
Buck logorò la volontà dell'alce più velocemente del suo corpo.
Bok het die eland se wilskrag vinniger as sy lyf uitgeput.
Il giorno passò e il sole tramontò basso nel cielo a nord-ovest.
Die dag het verbygegaan en die son het laag in die noordwestelike lug gesak.
I giovani tori tornarono più lentamente per aiutare il loro capo.
Die jong bulle het stadiger teruggekeer om hul leier te help.
Erano tornate le notti autunnali e il buio durava ormai sei ore.
Herfsnagte het teruggekeer, en die donkerte het nou ses uur geduur.
L'inverno li spingeva verso valli più sicure e calde.
Die winter het hulle afdraand na veiliger, warmer valleie gedruk.
Ma non riuscirono comunque a sfuggire al cacciatore che li tratteneva.
Maar steeds kon hulle nie ontsnap aan die jagter wat hulle teruggehou het nie.
Era in gioco solo una vita: non quella del branco, ma quella del loro capo.
Slegs een lewe was op die spel—nie die kudde s'n nie, net hul leier s'n.
Ciò rendeva la minaccia lontana e non una loro preoccupazione urgente.
Dit het die bedreiging ver verwyderd gemaak en nie hul dringende bekommernis nie.

Col tempo accettarono questo prezzo e lasciarono che Buck prendesse il vecchio toro.
Mettertyd het hulle hierdie koste aanvaar en Buck die ou bul laat neem.
Mentre calava il crepuscolo, il vecchio toro rimase in piedi con la testa bassa.
Toe die skemer inval, het die ou bul met sy kop na onder gestaan.
Guardò la mandria che aveva guidato svanire nella luce morente.
Hy het gekyk hoe die kudde wat hy gelei het, in die dowwe lig verdwyn.
C'erano mucche che aveva conosciuto, vitelli che un tempo aveva generato.
Daar was koeie wat hy geken het, kalwers wat hy eens op 'n tyd die vader van was.
C'erano tori più giovani con cui aveva combattuto e che aveva dominato nelle stagioni passate.
Daar was jonger bulle teen wie hy in vorige seisoene geveg en regeer het.
Non poteva seguirli, perché davanti a lui era di nuovo accovacciato Buck.
Hy kon hulle nie volg nie – want voor hom het Buck weer gehurk.
Il terrore spietato e zannuto gli bloccava ogni via che potesse percorrere.
Die genadelose, slagtande vrees het elke pad wat hy kon neem, versper.
Il toro pesava più di trecento chili di potenza densa.
Die bul het meer as drie honderd gewig digte krag geweeg.
Aveva vissuto a lungo e lottato duramente in un mondo di difficoltà.
Hy het lank geleef en hard geveg in 'n wêreld van stryd.
Eppure, alla fine, la morte gli venne commessa da una bestia molto più bassa di lui.
Tog, nou, aan die einde, het die dood gekom van 'n dier ver onder hom.

La testa di Buck non arrivò nemmeno alle enormi ginocchia noccate del toro.
Buck se kop het nie eers tot by die bul se enorme, gekneukelde knieë gekom nie.
Da quel momento in poi, Buck rimase con il toro notte e giorno.
Van daardie oomblik af het Buck dag en nag by die bul gebly.
Non gli dava mai tregua, non gli permetteva mai di brucare o bere.
Hy het hom nooit rus gegee nie, hom nooit toegelaat om te wei of te drink nie.
Il toro cercò di mangiare giovani germogli di betulla e foglie di salice.
Die bul het probeer om jong berkspruite en wilgerblare te eet.
Ma Buck lo scacciò, sempre all'erta e sempre all'attacco.
Maar Buck het hom weggedryf, altyd waaksaam en altyd aanvallend.
Anche nei torrenti che scorrevano, Buck bloccava ogni assetato tentativo.
Selfs by kabbelende strome het Buck elke dorstige poging geblokkeer.
A volte, in preda alla disperazione, il toro fuggiva a tutta velocità.
Soms, uit desperaatheid, het die bul teen volle spoed gevlug.
Buck lo lasciò correre, avanzando tranquillamente dietro di lui, senza mai allontanarsi troppo.
Buck het hom laat hardloop, kalm net agter hom aan gedraf, nooit ver weg nie.
Quando l'alce si fermò, Buck si sdraiò, ma rimase pronto.
Toe die eland stilstaan, het Buck gaan lê, maar gereed gebly.
Se il toro provava a mangiare o a bere, Buck colpiva con tutta la sua furia.
As die bul probeer eet of drink, het Buck met volle woede toegeslaan.
La grande testa del toro si abbassava sotto le enormi corna.
Die bul se groot kop het laer onder sy ontsaglike gewei gehang.

Il suo passo rallentò, il trotto divenne pesante, un'andatura barcollante.
Sy pas het stadiger geword, die draf het swaar geword; 'n struikelende stap.

Spesso restava immobile con le orecchie abbassate e il naso rivolto verso il terreno.
Hy het dikwels stilgestaan met hangende ore en neus teen die grond.

In quei momenti Buck si prese del tempo per bere e riposare.
Gedurende daardie oomblikke het Buck tyd geneem om te drink en te rus.

Con la lingua fuori e gli occhi fissi, Buck sentì che la terra stava cambiando.
Met sy tong uit, sy oë stip, het Buck aangevoel dat die land besig was om te verander.

Sentì qualcosa di nuovo muoversi nella foresta e nel cielo.
Hy het iets nuuts deur die woud en die lug gevoel beweeg.

Con il ritorno delle alci tornarono anche altre creature selvatiche.
Soos die elande teruggekeer het, het ander diere van die wilde diere ook gedoen.

La terra sembrava viva di una presenza invisibile ma fortemente nota.
Die land het lewendig met teenwoordigheid gevoel, ongesiens maar sterk bekend.

Buck non lo sapeva tramite l'udito, la vista o l'olfatto.
Dit was nie deur klank, sig of reuk dat Buck dit geweet het nie.

Un sentimento più profondo gli diceva che nuove forze erano in movimento.
'n Dieper gevoel het hom gesê dat nuwe kragte aan die beweeg was.

Una strana vita si agitava nei boschi e lungo i corsi d'acqua.
Vreemde lewe het deur die woude en langs die strome geroer.

Decise di esplorare questo spirito una volta completata la caccia.
Hy het besluit om hierdie gees te verken nadat die jag voltooi was.

Il quarto giorno, Buck riuscì finalmente a catturare l'alce.
Op die vierde dag het Buck uiteindelik die eland neergehaal.
Rimase nei pressi della preda per un giorno e una notte interi, nutrendosi e riposandosi.
Hy het 'n volle dag en nag by die prooi gebly, geëet en gerus.
Mangiò, poi dormì, poi mangiò ancora, finché non fu forte e sazio.
Hy het geëet, toe geslaap, toe weer geëet, totdat hy sterk en versadig was.
Quando fu pronto, tornò indietro verso l'accampamento e Thornton.
Toe hy gereed was, het hy teruggedraai na die kamp en Thornton.
Con passo costante iniziò il lungo viaggio di ritorno verso casa.
Met 'n bestendige pas het hy die lang terugreis huis toe begin.
Correva con la sua andatura instancabile, ora dopo ora, senza mai smarrirsi.
Hy het uur na uur onvermoeid gehardloop, sonder om ooit te dwaal.
Attraverso terre sconosciute, si muoveva dritto come l'ago di una bussola.
Deur onbekende lande het hy so reguit soos 'n kompasnaald beweeg.
Il suo senso dell'orientamento faceva sembrare deboli, al confronto, l'uomo e la mappa.
Sy rigtingsin het mens en kaart in vergelyking swak laat lyk.
Mentre Buck correva, sentiva sempre più forte l'agitazione nella terra selvaggia.
Terwyl Buck gehardloop het, het hy die beroering in die wildernis sterker gevoel.
Era un nuovo tipo di vita, diverso da quello dei tranquilli mesi estivi.
Dit was 'n nuwe soort lewe, anders as dié van die kalm somermaande.
Questa sensazione non giungeva più come un messaggio sottile o distante.

Hierdie gevoel het nie meer as 'n subtiele of verre boodskap gekom nie.

Ora gli uccelli parlavano di questa vita e gli scoiattoli chiacchieravano.

Nou het die voëls van hierdie lewe gepraat, en eekhorings het daaroor gekwetter.

Persino la brezza sussurrava avvertimenti tra gli alberi silenziosi.

Selfs die briesie fluister waarskuwings deur die stil bome.

Più volte si fermò ad annusare l'aria fresca del mattino.

Verskeie kere het hy stilgehou en die vars oggendlug gesnuif.

Lì lesse un messaggio che lo fece fare un balzo in avanti più velocemente.

Hy het daar 'n boodskap gelees wat hom vinniger vorentoe laat spring het.

Fu pervaso da un forte senso di pericolo, come se qualcosa fosse andato storto.

'n Swaar gevoel van gevaar het hom gevul, asof iets verkeerd geloop het.

Temeva che la calamità stesse per arrivare, o che fosse già arrivata.

Hy het gevrees dat rampspoed sou kom — of reeds gekom het.

Superò l'ultima cresta ed entrò nella valle sottostante.

Hy het die laaste rant oorgesteek en die vallei onder binnegegaan.

Si muoveva più lentamente, attento e cauto a ogni passo.

Hy het stadiger, waaksaam en versigtiger met elke tree beweeg.

Dopo tre miglia trovò una pista fresca che lo fece irrigidire.

Drie myl verder het hy 'n vars spoor gevind wat hom laat styf word het.

I peli sul collo si rizzarono e si rizzarono in segno di allarme.

Die hare langs sy nek het geriffel en geborsel van ontsteltenis.

Il sentiero portava dritto all'accampamento dove Thornton aspettava.

Die paadjie het reguit na die kamp gelei waar Thornton gewag het.

Buck ora si muoveva più velocemente, con passi silenziosi e rapidi.
Buck beweeg nou vinniger, sy treë beide stil en vinnig.
I suoi nervi si irrigidirono mentre leggeva segnali che altri non avrebbero notato.
Sy senuwees het saamgetrek toe hy tekens lees wat ander gaan mis.
Ogni dettaglio del percorso raccontava una storia, tranne l'ultimo pezzo.
Elke detail in die roete het 'n storie vertel—behalwe die laaste stuk.
Il suo naso gli raccontò della vita che aveva trascorso lì.
Sy neus het hom vertel van die lewe wat so verbygegaan het.
L'odore gli fornì un'immagine mutevole mentre lo seguiva da vicino.
Die reuk het hom 'n veranderende prentjie gegee terwyl hy kort agter hom gevolg het.
Ma la foresta stessa era diventata silenziosa, innaturalmente immobile.
Maar die woud self het stil geword; onnatuurlik stil.
Gli uccelli erano scomparsi, gli scoiattoli erano nascosti, silenziosi e immobili.
Voëls het verdwyn, eekhorings was weggesteek, stil en stil.
Vide solo uno scoiattolo grigio, sdraiato su un albero morto.
Hy het net een grys eekhoring gesien, plat op 'n dooie boom.
Lo scoiattolo si mimetizzava, rigido e immobile come una parte della foresta.
Die eekhoring het ingemeng, styf en bewegingloos soos 'n deel van die woud.
Buck si muoveva come un'ombra, silenzioso e sicuro tra gli alberi.
Buck het soos 'n skaduwee beweeg, stil en seker deur die bome.
Il suo naso si mosse di lato come se fosse stato tirato da una mano invisibile.
Sy neus het sywaarts geruk asof dit deur 'n onsigbare hand getrek is.

Si voltò e seguì il nuovo odore nel profondo di un boschetto.
Hy het omgedraai en die nuwe reuk diep in 'n ruigte gevolg.
Lì trovò Nig, steso morto, trafitto da una freccia.
Daar het hy Nig gevind, dood lêend, deurboor deur 'n pyl.
La freccia gli attraversò il corpo, lasciando ancora visibili le piume.
Die skag het deur sy lyf gegaan, vere steeds sigbaar.
Nig si era trascinato fin lì, ma era morto prima di riuscire a raggiungere i soccorsi.
Nig het homself daarheen gesleep, maar is dood voordat hy hulp kon kry.
Cento metri più avanti, Buck trovò un altro cane da slitta.
'n Honderd meter verder het Buck nog 'n sleehond gevind.
Era un cane che Thornton aveva comprato a Dawson City.
Dit was 'n hond wat Thornton in Dawson City gekoop het.
Il cane lottava con tutte le sue forze, dimenandosi violentemente sul sentiero.
Die hond was in 'n doodstryd, hard aan die haal op die paadjie.
Buck gli passò accanto senza fermarsi, con gli occhi fissi davanti a sé.
Buck het om hom verbygegaan, sonder om te stop, sy oë voor hom gevestig.
Dalla direzione dell'accampamento proveniva un canto lontano e ritmico.
Uit die rigting van die kamp het 'n verafgeleë, ritmiese gesang gekom.
Le voci si alzavano e si abbassavano con un tono strano, inquietante, cantilenante.
Stemme het opgestaan en geval in 'n vreemde, grillerige, singende toon.
Buck strisciò in silenzio fino al limite della radura.
Buck het in stilte vorentoe na die rand van die oopte gekruip.
Lì vide Hans disteso a faccia in giù, trafitto da numerose frecce.
Daar het hy Hans sien lê met sy gesig na onder, deurboor met baie pyle.

Il suo corpo sembrava quello di un porcospino, irto di penne.
Sy liggaam het gelyk soos 'n ystervark, besaai met geveerde skagte.

Nello stesso momento, Buck guardò verso la capanna in rovina.
Op dieselfde oomblik het Buck na die verwoeste lodge gekyk.

Quella vista gli fece rizzare i capelli sul collo e sulle spalle.
Die gesig het die hare op sy nek en skouers styf laat rys.

Un'ondata di rabbia selvaggia travolse tutto il corpo di Buck.
'n Storm van wilde woede het deur Buck se hele liggaam gespoel.

Ringhiò forte, anche se non ne era consapevole.
Hy het hardop gegrom, hoewel hy nie geweet het dat hy dit wel gedoen het nie.

Il suono era crudo, pieno di una furia terrificante e selvaggia.
Die geluid was rou, gevul met skrikwekkende, wrede woede.

Per l'ultima volta nella sua vita, Buck perse la ragione a causa delle emozioni.
Vir die laaste keer in sy lewe het Buck rede verloor teenoor emosie.

Fu l'amore per John Thornton a spezzare il suo attento controllo.
Dit was liefde vir John Thornton wat sy noukeurige beheer verbreek het.

Gli Yeehats ballavano attorno alla baita in legno di abete rosso distrutta.
Die Yeehats het rondom die verwoeste sparrehuisie gedans.

Poi si udì un ruggito e una bestia sconosciuta si lanciò verso di loro.
Toe kom daar 'n gebrul—en 'n onbekende dier storm op hulle af.

Era Buck: una furia in movimento, una tempesta vivente di vendetta.
Dit was Buck; 'n woede in beweging; 'n lewende storm van wraak.

Si gettò in mezzo a loro, folle di voglia di uccidere.
Hy het homself in hulle midde gewerp, waansinnig van die begeerte om dood te maak.
Si lanciò contro il primo uomo, il capo Yeehat, e colpì nel segno.
Hy het op die eerste man, die Yeehat-hoof, gespring en waar getref.
La sua gola era squarciata e il sangue schizzava a fiotti.
Sy keel was oopgeskeur, en bloed het in 'n stroom gespuit.
Buck non si fermò, ma con un balzo squarciò la gola dell'uomo successivo.
Buck het nie gestop nie, maar het die volgende man se keel met een sprong geskeur.
Era inarrestabile: squarciava, tagliava, non si fermava mai a riposare.
Hy was onstuitbaar—geskeur, gekap, nooit stilgehou om te rus nie.
Si lanciò e balzò così velocemente che le loro frecce non riuscirono a toccarlo.
Hy het so vinnig geskiet en gespring dat hulle pyle hom nie kon raak nie.
Gli Yeehats erano in preda al panico e alla confusione.
Die Yeehats was vasgevang in hul eie paniek en verwarring.
Le loro frecce non colpirono Buck e si colpirono tra loro.
Hul pyle het Buck gemis en mekaar eerder getref.
Un giovane scagliò una lancia contro Buck e colpì un altro uomo.
Een jongman het 'n spies na Buck gegooi en 'n ander man getref.
La lancia gli trapassò il petto e la punta gli trafisse la schiena.
Die spies het deur sy bors gesteek, die punt het sy rug uitgeslaan.
Il terrore travolse gli Yeehats, che si diedero alla ritirata.
Skrik het oor die Yeehats gevee, en hulle het ten volle teruggeval.

Urlarono allo Spirito Maligno e fuggirono nelle ombre della foresta.
Hulle het van die Bose Gees geskree en in die skaduwees van die woud gevlug.

Buck era davvero come un demone mentre inseguiva gli Yeehats.
Waarlik, Buck was soos 'n demoon terwyl hy die Yeehats agterna gesit het.

Li inseguì attraverso la foresta, abbattendoli come cervi.
Hy het agter hulle aangeruk deur die bos en hulle soos takbokke neergehaal.

Divenne un giorno di destino e terrore per gli spaventati Yeehats.
Dit het 'n dag van noodlot en vrees geword vir die verskrikte Yeehats.

Si dispersero sul territorio, fuggendo in ogni direzione.
Hulle het oor die land versprei en in alle rigtings gevlug.

Passò un'intera settimana prima che gli ultimi sopravvissuti si incontrassero in una valle.
'n Volle week het verbygegaan voordat die laaste oorlewendes mekaar in 'n vallei ontmoet het.

Solo allora contarono le perdite e raccontarono quanto accaduto.
Eers toe het hulle hul verliese getel en gepraat oor wat gebeur het.

Buck, stanco dell'inseguimento, ritornò all'accampamento in rovina.
Nadat Buck moeg geword het van die jaagtog, het hy na die verwoeste kamp teruggekeer.

Trovò Pete, ancora avvolto nelle coperte, ucciso nel primo attacco.
Hy het Pete, steeds in sy komberse, in die eerste aanval dood gevind.

I segni dell'ultima lotta di Thornton erano visibili nella terra lì vicino.
Tekens van Thornton se laaste stryd was in die grond naby.

Buck seguì ogni traccia, annusando ogni segno fino al punto finale.
Buck het elke spoor gevolg en aan elke merk tot by 'n finale punt geruik.
Sul bordo di una profonda pozza trovò il fedele Skeet, immobile.
Aan die rand van 'n diep poel het hy die getroue Skeet gevind, stil lêend.
La testa e le zampe anteriori di Skeet erano nell'acqua, immobili nella morte.
Skeet se kop en voorpote was in die water, roerloos in die dood.
La piscina era fangosa e contaminata dai liquidi di scarico delle chiuse.
Die swembad was modderig en besmet met afloop van die sluiskaste.
La sua superficie torbida nascondeva ciò che si trovava sotto, ma Buck conosceva la verità.
Sy bewolkte oppervlak het verberg wat onder lê, maar Buck het die waarheid geken.
Seguì l'odore di Thornton nella piscina, ma non lo portò da nessun'altra parte.
Hy het Thornton se reuk in die poel opgespoor—maar die reuk het nêrens anders gelei nie.
Non c'era alcun odore che provenisse, solo il silenzio dell'acqua profonda.
Daar was geen geur wat uitlei nie—net die stilte van diep water.
Buck rimase tutto il giorno vicino alla piscina, camminando avanti e indietro per l'accampamento, addolorato.
Die hele dag het Buck naby die poel gebly en bedroef deur die kamp geloop.
Vagava irrequieto o sedeva immobile, immerso nei suoi pensieri.
Hy het rusteloos rondgedwaal of stil gesit, verlore in swaar gedagtes.

Conosceva la morte, la fine della vita, la scomparsa di ogni movimento.
Hy het die dood geken; die einde van die lewe; die verdwyning van alle beweging.
Capì che John Thornton se n'era andato e non sarebbe mai più tornato.
Hy het verstaan dat John Thornton weg was, om nooit terug te keer nie.
La perdita lasciò in lui un vuoto che pulsava come la fame.
Die verlies het 'n leë ruimte in hom gelaat wat soos honger geklop het.
Ma questa era una fame che il cibo non riusciva a placare, non importava quanto ne mangiasse.
Maar hierdie was 'n honger wat kos nie kon stil nie, maak nie saak hoeveel hy geëet het nie.
A volte, mentre guardava i cadaveri di Yeehats, il dolore si attenuava.
Soms, terwyl hy na die dooie Yeehats gekyk het, het die pyn vervaag.
E poi dentro di lui nacque uno strano orgoglio, feroce e totale.
En toe het 'n vreemde trots binne hom opgestaan, fel en volkome.
Aveva ucciso l'uomo, la preda più alta e pericolosa di tutte.
Hy het die mens doodgemaak, die hoogste en gevaarlikste spel van almal.
Aveva ucciso in violazione dell'antica legge del bastone e della zanna.
Hy het doodgemaak in stryd met die antieke wet van knuppel en slagtand.
Buck annusò i loro corpi senza vita, curioso e pensieroso.
Buck het aan hulle lewelose liggame geruik, nuuskierig en bedagsaam.
Erano morti così facilmente, molto più facilmente di un husky in combattimento.
Hulle het so maklik gesterf—baie makliker as 'n husky in 'n geveg.

Senza le armi non avrebbero avuto vera forza né avrebbero rappresentato una minaccia.
Sonder hul wapens het hulle geen ware krag of bedreiging gehad nie.
Buck non avrebbe più avuto paura di loro, a meno che non fossero stati armati.
Buck sou hulle nooit weer vrees nie, tensy hulle gewapen was.
Stava attento solo quando portavano clave, lance o frecce.
Slegs wanneer hulle knuppels, spiese of pyle gedra het, sou hy versigtig wees.

Calò la notte e la luna piena spuntò alta sopra le cime degli alberi.
Die nag het geval, en 'n volmaan het hoog bo die toppe van die bome uitgestyg.
La pallida luce della luna avvolgeva la terra in un tenue e spettrale chiarore, come se fosse giorno.
Die maan se vae lig het die land in 'n sagte, spookagtige gloed soos dag gebad.
Mentre la notte avanzava, Buck continuava a piangere presso la pozza silenziosa.
Terwyl die nag verdiep het, het Buck steeds langs die stil poel getreur.
Poi si accorse di un diverso movimento nella foresta.
Toe word hy bewus van 'n ander roering in die woud.
L'agitazione non proveniva dagli Yeehats, ma da qualcosa di più antico e profondo.
Die roering was nie van die Yeehats nie, maar van iets ouer en dieper.
Si alzò in piedi, drizzò le orecchie e tastò con attenzione la brezza con il naso.
Hy het opgestaan, ore opgelig, sy neus het die briesie versigtig getoets.
Da lontano giunse un debole e acuto grido che squarciò il silenzio.
Van ver af kom 'n dowwe, skerp gegil wat die stilte deurboor.
Poi un coro di grida simili seguì subito dopo il primo.

Toe het 'n koor van soortgelyke uitroepe kort agter die eerste gevolg.

Il suono si avvicinava sempre di più, diventando sempre più forte con il passare dei minuti.

Die geluid het nader gekom, harder met elke oomblik wat verbygaan.

Buck conosceva quel grido: proveniva da quell'altro mondo nella sua memoria.

Buck het hierdie uitroep geken — dit het uit daardie ander wêreld in sy geheue gekom.

Si recò al centro dello spazio aperto e ascoltò attentamente.

Hy het na die middel van die oop ruimte gestap en aandagtig geluister.

L'appello risuonò più forte che mai, più sentito e più potente che mai.

Die oproep het weerklink, veelgehoord en kragtiger as ooit tevore.

E ora, più che mai, Buck era pronto a rispondere alla sua chiamata.

En nou, meer as ooit tevore, was Buck gereed om sy roeping te beantwoord.

John Thornton era morto e in lui non era rimasto alcun legame con l'uomo.

John Thornton was dood, en geen band met die mens het in hom oorgebly nie.

L'uomo e tutte le pretese umane erano svaniti: era finalmente libero.

Die mens en alle menslike eise was weg — hy was uiteindelik vry.

Il branco di lupi era a caccia di carne, proprio come un tempo avevano fatto gli Yeehats.

Die wolftrop het vleis gejaag soos die Yeehats eens op 'n tyd gedoen het.

Avevano seguito le alci mentre scendevano dalle terre boscose.

Hulle het elande van die beboste lande af gevolg.

Ora, selvaggi e affamati di prede, attraversarono la sua valle.

Nou, wild en honger na prooi, het hulle sy vallei oorgesteek.
Giunsero nella radura illuminata dalla luna, scorrendo come acqua argentata.
In die maanverligte oopte het hulle gekom, vloeiend soos silwer water.
Buck rimase immobile al centro, in attesa.
Buck het bewegingloos in die middel gestaan en vir hulle gewag.
La sua presenza calma e imponente lasciò il branco senza parole, tanto da farlo restare per un breve periodo in silenzio.
Sy kalm, groot teenwoordigheid het die trop tot 'n kort stilte verstom.
Allora il lupo più audace gli saltò addosso senza esitazione.
Toe spring die dapperste wolf sonder aarseling reguit op hom af.
Buck colpì rapidamente e spezzò il collo del lupo con un solo colpo.
Buck het vinnig toegeslaan en die wolf se nek in 'n enkele hou gebreek.
Rimase di nuovo immobile mentre il lupo morente si contorceva dietro di lui.
Hy het weer bewegingloos gestaan terwyl die sterwende wolf agter hom gedraai het.
Altri tre lupi attaccarono rapidamente, uno dopo l'altro.
Drie verdere wolwe het vinnig aangeval, een na die ander.
Ognuno di loro si ritrasse sanguinante, con la gola o le spalle tagliate.
Elkeen het bloeiend teruggedeins, hul kele of skouers afgesny.
Ciò fu sufficiente a scatenare una carica selvaggia da parte dell'intero branco.
Dit was genoeg om die hele trop in 'n wilde stormloop te laat beland.
Si precipitarono tutti insieme, troppo impazienti e troppo ammassati per colpire bene.
Hulle het saam ingestorm, te gretig en te druk om goed toe te slaan.

La velocità e l'abilità di Buck gli permisero di anticipare l'attacco.
Buck se spoed en vaardigheid het hom toegelaat om voor die aanval te bly.
Girò sulle zampe posteriori, schioccando i denti e colpendo in tutte le direzioni.
Hy het op sy agterpote gedraai, geknap en in alle rigtings geslaan.
Ai lupi sembrò che la sua difesa non si fosse mai aperta o avesse vacillato.
Vir die wolwe het dit gelyk asof sy verdediging nooit oopgemaak of gestruikel het nie.
Si voltò e colpì così velocemente che non riuscirono a raggiungerlo alle spalle.
Hy het omgedraai en so vinnig gekap dat hulle nie agter hom kon kom nie.
Ciononostante, il loro numero lo costrinse a cedere terreno e a ritirarsi.
Nietemin het hul getalle hom gedwing om terrein te gee en terug te deins.
Superò la piscina e scese nel letto roccioso del torrente.
Hy het verby die poel en af in die rotsagtige spruitbedding beweeg.
Lì si imbatté in un ripido pendio di ghiaia e terra.
Daar het hy teen 'n steil wal van gruis en grond afgekom.
Si è infilato in un angolo scavato durante i vecchi scavi dei minatori.
Hy het in 'n hoek vasgeval wat tydens die mynwerkers se ou grawery gesny is.
Ora, protetto su tre lati, Buck si trovava di fronte solo al lupo frontale.
Nou, beskerm aan drie kante, het Buck net die voorste wolf in die gesig gestaar.
Lì rimase in attesa, pronto per la successiva ondata di assalto.
Daar het hy op 'n afstand gestaan, gereed vir die volgende vlaag aanvalle.

Buck mantenne la posizione con tanta ferocia che i lupi indietreggiarono.
Buck het so fel standgehou dat die wolwe teruggedeins het.
Dopo mezz'ora erano sfiniti e visibilmente sconfitti.
Na 'n halfuur was hulle uitgeput en sigbaar verslaan.
Le loro lingue pendevano fuori e le loro zanne bianche brillavano alla luce della luna.
Hul tonge het uitgehang, hul wit slagtande het in die maanlig geglim.
Alcuni lupi si sdraiano, con la testa alzata e le orecchie dritte verso Buck.
'n Paar wolwe het gaan lê, koppe opgelig, ore gespits na Buck toe.
Altri rimasero immobili, attenti e osservarono ogni suo movimento.
Ander het stilgestaan, waaksaam en elke beweging van hom dopgehou.
Qualcuno si avvicinò alla piscina e bevve l'acqua fredda.
'n Paar het na die swembad gedrink en koue water gedrink.
Poi un lupo grigio, lungo e magro, si fece avanti furtivamente, con passo gentile.
Toe kruip een lang, maer grys wolf saggies vorentoe.
Buck lo riconobbe: era il fratello selvaggio di prima.
Buck het hom herken—dit was die wilde broer van voorheen.
Il lupo grigio uggiolò dolcemente e Buck rispose con un guaito.
Die grys wolf het saggies gehuil, en Buck het met 'n gehuil geantwoord.
Si toccarono il naso, silenziosamente, senza timore o minaccia.
Hulle het neuse aangeraak, stilweg en sonder dreigement of vrees.
Poi venne un lupo più anziano, scarno e segnato dalle numerose battaglie.
Volgende kom 'n ouer wolf, maer en geskend van baie gevegte.

Buck cominciò a ringhiare, ma si fermò e annusò il naso del vecchio lupo.
Buck het begin grom, maar het gepouseer en aan die ou wolf se neus gesnuif.
Il vecchio si sedette, alzò il naso e ululò alla luna.
Die ou een het gaan sit, sy neus opgelig en na die maan gehuil.
Il resto del branco si sedette e si unì al lungo ululato.
Die res van die trop het gaan sit en aan die lang gehuil deelgeneem.
E ora la chiamata giunse a Buck, inequivocabile e forte.
En nou het die oproep na Buck gekom, onmiskenbaar en sterk.
Si sedette, alzò la testa e ululò insieme agli altri.
Hy het gaan sit, sy kop opgelig en saam met die ander gehuil.
Quando l'ululato cessò, Buck uscì dal suo riparo roccioso.
Toe die gehuil eindig, het Buck uit sy rotsagtige skuiling gestap.
Il branco si strinse attorno a lui, annusando con gentilezza e cautela.
Die trop het om hom gesluit en vriendelik en versigtig gesnuif.
Allora i capi lanciarono un grido e si precipitarono nella foresta.
Toe het die leiers gegil en die woud ingehardloop.
Gli altri lupi li seguirono, guaendo in coro, selvaggi e veloci nella notte.
Die ander wolwe het gevolg, gillend in koor, wild en vinnig in die nag.
Buck corse con loro, accanto al suo selvaggio fratello, ululando mentre correva.
Buck het saam met hulle gehardloop, langs sy wilde broer, en gehuil terwyl hy gehardloop het.

Qui la storia di Buck giunge al termine.
Hier doen die storie van Buck goed om tot 'n einde te kom.
Negli anni a seguire, gli Yeehats notarono degli strani lupi.
In die jare wat gevolg het, het die Yeehats vreemde wolwe opgemerk.
Alcuni avevano la testa e il muso marroni e il petto bianco.

Sommige het bruin op hul koppe en snoete gehad, wit op die bors.

Ma ancora di più temevano la presenza di una figura spettrale tra i lupi.
Maar nog meer het hulle 'n spookagtige figuur tussen die wolwe gevrees.

Parlavano a bassa voce del Cane Fantasma, il capo del branco.
Hulle het in fluisteringe van die Spookhond, leier van die trop, gepraat.

Questo Ghost Dog era più astuto del più audace cacciatore di Yeehat.
Hierdie Spookhond het meer listigheid gehad as die dapperste Yeehat-jagter.

Il cane fantasma rubava dagli accampamenti nel cuore dell'inverno e faceva a pezzi le loro trappole.
Die spookhond het in die diep winter uit kampe gesteel en hul strikke uitmekaar geskeur.

Il cane fantasma uccise i loro cani e sfuggì alle loro frecce senza lasciare traccia.
Die spookhond het hul honde doodgemaak en spoorloos van hul pyle ontsnap.

Perfino i guerrieri più coraggiosi avevano paura di affrontare questo spirito selvaggio.
Selfs hul dapperste krygers was bang om hierdie wilde gees in die gesig te staar.

No, la storia diventa ancora più oscura con il passare degli anni trascorsi nella natura selvaggia.
Nee, die verhaal word nog donkerder soos die jare in die wildernis verbygaan.

Alcuni cacciatori scompaiono e non fanno più ritorno ai loro accampamenti lontani.
Sommige jagters verdwyn en keer nooit terug na hul verafgeleë kampe nie.

Altri vengono trovati con la gola squarciata, uccisi nella neve.

Ander word gevind met hul kele oopgeskeur, doodgemaak in die sneeu.

Intorno ai loro corpi ci sono delle impronte più grandi di quelle che un lupo potrebbe mai lasciare.

Om hulle liggame is spore—groter as wat enige wolf kan maak.

Ogni autunno, gli Yeehats seguono le tracce dell'alce.

Elke herfs volg Yeehats die spoor van die eland.

Ma evitano una valle perché la paura è scolpita nel profondo del loro cuore.

Maar hulle vermy een vallei met vrees diep in hul harte gekerf.

Si dice che la valle sia stata scelta dallo Spirito Maligno come sua dimora.

Hulle sê die vallei is deur die Bose Gees vir sy tuiste gekies.

E quando la storia viene raccontata, alcune donne piangono accanto al fuoco.

En wanneer die verhaal vertel word, huil sommige vroue langs die vuur.

Ma d'estate, c'è un visitatore che giunge in quella valle sacra e silenziosa.

Maar in die somer kom een besoeker na daardie stil, heilige vallei.

Gli Yeehats non lo conoscono e non potrebbero capirlo.

Die Yeehats weet nie van hom nie, en hulle kon ook nie verstaan nie.

Il lupo è un animale grandioso, ricoperto di gloria, come nessun altro della sua specie.

Die wolf is 'n groot een, oortrek met glorie, soos geen ander van sy soort nie.

Lui solo attraversa il bosco verde ed entra nella radura della foresta.

Hy alleen steek die groen bos oor en betree die woud.

Lì, la polvere dorata contenuta nei sacchi di pelle d'alce si infiltra nel terreno.

Daar sypel goue stof van elandvelsakke in die grond in.

L'erba e le foglie vecchie hanno nascosto il giallo del sole.

Gras en ou blare het die geel van die son weggesteek.
Qui il lupo resta in silenzio, pensando e ricordando.
Hier staan die wolf in stilte, dink en onthou.
Urla una volta sola, a lungo e lugubremente, prima di girarsi e andarsene.
Hy huil een keer—lank en treurig—voordat hy omdraai om te gaan.
Ma non è sempre solo nella terra del freddo e della neve.
Tog is hy nie altyd alleen in die land van koue en sneeu nie.
Quando le lunghe notti invernali scendono sulle valli più basse.
Wanneer lang winternagte oor die laer valleie neerdaal.
Quando i lupi seguono la selvaggina attraverso il chiaro di luna e il gelo.
Wanneer die wolwe wild deur maanlig en ryp volg.
Poi corre in testa al gruppo, saltando in alto e in modo selvaggio.
Dan hardloop hy voor in die trop, spring hoog en wild.
La sua figura svetta sulle altre, la sua gola risuona di canto.
Sy gestalte troon bo die ander uit, sy keel lewendig van lied.
È il canto del mondo più giovane, la voce del branco.
Dit is die lied van die jonger wêreld, die stem van die trop.
Canta mentre corre: forte, libero e per sempre selvaggio.
Hy sing terwyl hy hardloop—sterk, vry en vir ewig wild.

www.ingramcontent.com/pod-product-compliance
Lightning Source LLC
Chambersburg PA
CBHW010030040426
42333CB00048B/2788